当代文化思潮与文化建构理论研究

DANGDAIWENHUASICHAOYU
WENHUAJIANGOULILUNYANJIU

姜锐 著

辽宁人民出版社

ⓒ姜锐 2023

图书在版编目（CIP）数据

当代文化思潮与文化建构理论研究 / 姜锐著. — 沈
阳：辽宁人民出版社, 2023.12

ISBN 978-7-205-10885-4

Ⅰ.①当… Ⅱ.①姜… Ⅲ.①文化事业－建设－研究
－中国 Ⅳ.①G12

中国国家版本馆CIP数据核字(2023)第197664号

出版发行：辽宁人民出版社
地址：沈阳市和平区十一纬路25号　邮编：110003
印　　刷：辽宁新华印务有限公司
幅面尺寸：170mm×240mm
印　　张：15
字　　数：202千字
出版时间：2023年12月第1版
印刷时间：2023年12月第1次印刷
责任编辑：娄　瓴
助理编辑：刘　明
装帧设计：Amber Design 琥珀视觉
责任校对：吴艳杰
书　　号：ISBN 978-7-205-10885-4
定　　价：70.00元

目　录

第一章　当代文化思潮概述

当代文化思潮是一个不断发展和变化的思潮，其中现代化思潮、后殖民主义思潮、全球化思潮都有其兴起和发展的特定历史背景。后殖民主义思潮从兴起至今已有四十余年，在这四十余年的历程中，后殖民主义不断地沉淀与发展，成为当今学术领域的一种重要思潮与文化批评方法。后殖民主义是一种多元文化理论，主要的研究对象是已经获得独立的原殖民地与原宗主国之间的权力话语与文化霸权。随着其研究范围的扩展，后殖民主义的研究对象成为从殖民化时期至今文化帝国主义所带来的全部影响。本章将重点梳理后殖民主义演变与发展的过程，追溯后殖民主义的理论渊源并发掘其理论构成的核心要素，对后殖民主义与后现代主义、殖民主义等概念进行辨析，以便于对后殖民主义进行深入的理解与探讨。

第一节　当代文化思潮的兴起发展

当代文化思潮始于20世纪60年代法兰克福学派对于大众文化产生的强烈批判，发展于20世纪七八十年代，在20世纪90年代达到了鼎盛时期。现代化思潮、后殖民主义思潮与全球化思潮是当代文化思潮的重要组成部分，其中每一个部分都有着自身兴起和发展的特定历史背景。

对于后殖民主义兴起与发展时间的界定问题，国内学术界存在着不同的观点。学者王宁、王岳川等将后殖民主义萌芽时间界定为19世纪下半叶，1947年印度独立标志着后殖民主义成为一种新的理论，1978年爱德华·萨义德①著作《东方学》②的问世标志着后殖民理论的成熟。学者宋国城认为后殖民主义起源于20世纪60年代，伴随着黑人解放运动、伊斯兰复兴运动、女性主义等兴起，后殖民主义与国外马克思主义、后结构主义等理论进行融合，逐步发展成为一门独立的人文学科。目前，国内学术界大部分学者将后殖民主义的起源界定为20世纪50年代的反殖民主义论述，代表作是1952年法农的著作《黑皮肤，白面具》③。其次，将后殖民主义兴起的时间界定为20世纪70年代末，后殖民主义兴起于西方文化领域，并且得到了东西方学术界的关注与探讨，比如萨义德《东方学》的问世，引起了学术界的广泛评论。最后，将后殖民主义流行的时间界定为20世纪80年代至今，其中较为著名的学者接连涌现，包括萨义德、斯皮瓦克、霍米·巴巴等，代表着后殖民主义理论的逐渐完善。

对于后殖民主义概念的界定问题，国内外学者各抒己见。其实，在后殖民主义这个词语产生之前，后殖民主义的思想就已经存在。比尔·阿什克洛夫（Bill Ashcroil）等学者认为1977年发表的《新文学评论》

①爱德华·萨义德英文原名Edward W.Said，国内学者曾将其译为"萨义德""赛义德""赛伊德""萨依德"以及"萨伊德"等。本书除直接引用外，统一使用译名"萨义德"。
②萨义德的著作Orientalism引入国内后，国内学者曾将其翻译为《东方学》《东方主义》等。本书除直接引用外，统一使用译名《东方学》。
③弗朗茨·奥马·法农（Frantz Omar Fanon），法国作家、思想家、革命家。法农的代表作包括《黑皮肤，白面具》《全世界受苦的人》《为了非洲革命》以及《阿尔及利亚革命的第五年》等，被认为是有关20世纪五六十年代黑人解放斗争的经典著述，对于后殖民主义理论产生了重要影响。

第2期中的"后殖民文集"是后殖民研究的源头，后殖民被文学批评家用以探讨由殖民所带来的一些文化效应。20世纪80年代末，后殖民主义一词作为专业术语开始被用于学术研究，根据斯皮瓦克、海伦·蒂芬以及西蒙·杜林等人的研究成果，后殖民主义的"后"字含义与后现代主义、后结构主义的"后"字含义相似，指的是对元话语的解构或是对元叙事的批判，肯定多元性或差异性，反对中心主义、本质主义和普遍主义等，带有"后"字为前缀的一系列词语都含有越界运动的内涵。阿什克洛夫等作者在《逆写帝国：后殖民文学的理论与实践》①中指出"后殖民主义"一词萌生于二战后历史学家的论述中，与"后殖民国家""后殖民"等词语表达类似的含义，特指殖民地国家获得了独立与解放之后的时期。后殖民理论家阿卜杜尔·简穆罕默德（Abdul Janmohammed）将殖民主义划分为两个不同的阶段，分别是统治和霸权。他认为在统治阶段，殖民者主要依靠物质和制度的力量去实施支配。殖民者通过军事力量去占领地理位置，通过殖民统治去压迫当地人民。在这样的阶段，殖民话语没有起到主要作用，可以说是一种辅助的力量。而在霸权阶段，殖民地人民已经成为殖民者园内的羔羊，已经接受或部分接受了殖民者的意识形态。在霸权阶段，殖民话语将产生非常大的影响和力量。殖民者在经济、政治与军事上的推动已经逐步减弱甚至退出，殖民话语处于主要的位置。在统治与霸权的时间界限上，简穆罕默德将其判定为殖民地国家的独立和解放，也就是当殖民者结束殖民的时候，被殖民者从统治阶段进入了霸权阶段。所以殖民地国家虽然已经获得了政治上的解放与独立，但是这并不意味着完全地脱离了殖民者的掌控，殖民主义的文化霸权将长期成为一个无法摆脱的桎梏，让被殖民者处于殖民

---

① 《逆写帝国：后殖民文学的理论与实践》是2014年北京大学出版社出版的图书，作者包括比尔·阿什克洛夫、加雷斯·格里菲斯和海伦·蒂芬。

话语的控制之中。简穆罕默德对统治和霸权的划分与大部分后殖民学家对于殖民与后殖民时期的划分相似，都将被殖民国家的独立当作界限，后殖民意味着殖民已经结束，国家已经独立与解放的时期。随着1978年萨义德《东方学》等著作的问世，后殖民主义被用于描述西方国家进行的殖民侵略所带来的影响。在萨义德后殖民理论的基础上，后殖民主义概念不断地发展与深化，斯皮瓦克、霍米·巴巴等学者开始了后殖民主义理论的探索与创新之路。中国台湾学者廖炳慧将"后殖民主义"认定为一个发展的过程，在不同的时期有着不同的含义。在20世纪60年代，原殖民地国家在获得独立之后处于解除与摆脱殖民影响的阶段，在这个特定的时期，后殖民主义特指原殖民地国家对殖民者或殖民者所带来的影响做出的反抗与斗争；在当今学术领域，后殖民主义更多的是指两种社会文化的碰撞，西方文化在全世界的蔓延以及西方文化输出所带来的影响。国外学者巴特·穆尔-吉尔伯特认为后殖民主义不需要进行确切的年代划分，"后"字可以代表着占有的结束，暗示着独立与解放。学术界对于后殖民主义概念的理解可以说是见仁见智，其中比较受到认可的定义是由《文学术语集锦》发布的，此书在1999年由阿布拉姆斯（M.H.Abrams）主编，书中将"后殖民主义研究"定义为对英国、西班牙、法国等其他欧洲国家对前殖民地国家的历史、文化、文学、话语模式等方面实施帝国主义霸权的批判性分析。阿布拉姆斯认为后殖民所研究的领域不断地扩展，但是其内核的研究问题非常明晰，包括对东方主义与文化帝国主义的批判、文化身份研究、殖民者与被殖民者的话语分析、第三世界妇女的研究、文学批评等。[1]

对于后殖民主义理论的研究对象问题，目前学术界的观点比较统

---

①Abrams M.H.A Glossary of Literary Terms,Seventh Edition.New Delhi:Thomson Heinle,1999.

一，大部分学者认为后殖民主义理论将研究重点放在了文化殖民与文化帝国主义等问题。传统的帝国主义研究更侧重于对于政治、经济和社会领域的探讨，但是后殖民主义认为政治、经济等策略必须借助西方的现代语言、文化和思想来实现。后殖民主义试图探究西方国家如何对非西方国家进行文化殖民，探究殖民主义价值观如何通过文化渗透进入被殖民地，探究被殖民地对于殖民者的回应与态度。学者刘康认为现代西方的知识体系虽然为自己贴上了客观与独立的标签，但是后殖民主义理论却敢于向这些学术的根本原则提出质疑与挑战。后殖民主义理论将西方帝国主义对非西方国家的文化霸权划分为三个方面，其一是西方在认知上再现或者歪曲东方；其二是西方在潜意识与心理层面上对东方进行殖民；其三是西方在整个文化系统运行与文化制度上实施的霸权，比如对出版、学术研究、媒体、教育、娱乐等领域的控制。

对于后殖民主义理论的内涵问题，其代表人物萨义德通过分析福柯的权力话语理论和葛兰西的文化霸权理论并将其理论用于殖民与文化二者的研究中，对后殖民主义理论研究产生了根本性的影响。吉博尔特指出，1978年爱德华·萨义德发表了著作《东方学》，萨义德在《东方学》中独自开创了一个全新的学术研究领域——殖民话语，也可称作殖民话语理论或殖民话语分析。[1]在萨义德的影响之下，斯皮瓦克和霍米·巴巴二人借用了后结构主义福柯和德里达等话语分析的方法，将意识形态、话语和文化放到了非常重要的位置，对西方殖民主义的文化殖民进行了更深入的分析和批判。后殖民主义学者恩里克·杜塞尔和阿里·沙利亚提揭示了后殖民话语的本质，表现了殖民地人民获得解放的自我苏醒和自我再主张。二人在著作中对于双重祛魅进行了重点关注，分析了

---

[1]巴特·穆尔-吉尔伯特：《后殖民理论——语境 实践 政治》，陈仲丹译，南京大学出版社，2001年版，第15页。

殖民征服和文化否定的行为，揭示了文化殖民主义创造他者、统治他者的目的，论述了被否定、被灭绝的自我重新崛起的过程。可以说后殖民主义代表了获得民族独立和解放的被殖民国家对于宗主国的殖民的批判和抗争，但对殖民者的批判和抗争主要是围绕着殖民者的文化帝国主义，文化的殖民虽然是以政治和经济为潜在基础，但是后殖民主义研究的中心不是经济或政治，而是更为彻底的文化帝国主义。20世纪80年代末，随着经济全球化的快速发展，全球政治经济格局发生变化，传统的边界划分开始动摇，一些根深蒂固的概念受到了消解，比如殖民者与被殖民者、西方与其他地区等。当旧的边界被慢慢模糊，新的主体逐渐出现，比如第三世界的知识分子、女权主义者等，传统的西方主体框架已经无法适用。小埃·圣胡安在《超越后殖民理论》中指出后殖民主义代表了对殖民者和殖民主义的批判、消解和超越，后殖民主义否定了以欧洲为中心的主导叙事，打破了帝国主义话语中对中心和边缘划分的二元主义，肯定了被殖民者的政治能动性。后殖民主义通过对欧洲中心主义的批判和解构，重新建构了西方"主体"的概念，肯定了被西方主体边缘化的部分并给予其主体身份，这部分包括被殖民国家、第三世界知识分子等，后殖民主义将其从边缘世界拉回主体世界，重新恢复其身份和权力。综上所述，后殖民主义的内涵可以概括为以下三个方面：第一，后殖民主义以被殖民国家获得独立和解放为前提，意味着对殖民主义的批判和抵抗。第二，后殖民主义的研究重点是批判殖民国家对被殖民国家的文化霸权和文化帝国主义，主要的方法是话语分析。第三，后殖民主义通过对文化帝国主义的批判和抵抗，解构了中心与边缘的二元主义，批判了以西方为中心的主体概念，试图重新建构被殖民国家的主体身份和权力。当后殖民主义这一学科得到重视，许多后殖民主义批评家脱颖而出。后殖民主义批评家有着许多共同的特点，首先他们大部分来自第三世界，比如爱德华·萨义德是巴勒斯坦人，斯皮瓦克和霍米·巴巴是印度人。其次他们大多数熟练掌握英语等西方国家语言，并能够运用当代西方理论的话语，这让他们与传统的民族主义思想家相比多了许多的优势，他们既对第三世界有着深刻的认识，又可以用西方的话语阐述自己的理论并且解构不同的观点，这一点让他们更容易进入西方学术主流。后殖民主义批评家们在第三世界的文化问题上的发言不断升级，他们也逐渐从西方学术界的边缘位置向中心渗透和转移。近年来，后殖民主义理论不仅自身蓬勃发展，还和女权主义等话语交叉融合，构成了西方学术界一个重要主题。

第二节　当代文化思潮的理论渊源

由于当代文化思潮是裹挟于现代化思潮、后殖民主义思潮和全球化思潮之中的，当代文化思潮下所产生的理论具有特殊的学术特征，其背后的理论渊源涉猎非常广泛。本节将追溯当代文化思潮之下的后殖民主义理论渊源，从权力话语的层面展开论述，重点探究葛兰西文化霸权理论与福柯权力话语理论对于后殖民主义理论的重要影响，讨论德里达的解构主义理论及布迪厄的社会语言学理论为后殖民主义理论拓展的广泛视角，揭示后殖民主义理论构成的核心要素。

1　葛兰西的文化霸权理论

安东尼奥·葛兰西（Antonio Gramsci）是意大利共产党的创始人之一，也是20世纪著名的马克思主义理论家之一。1891年葛兰西出生于意大利，父母是普通中下层阶级。由于家庭情况并不富裕，葛兰西通过勤工俭学和奖学金完成了自己的学业。葛兰西大学就读于都灵大学，在此期间葛兰西受到意大利唯心主义哲学家贝奈戴托·克罗齐的影响，带给他思想上的启蒙。之后都灵爆发的工人阶级运动继续影响着葛兰西，他于1913年参加了意大利社会党，并且开始为社会主义报刊撰写文章。葛兰西对落后农民文化和先进工业发展有着清晰的认知，他认为在意大利这片土地上实现社会主义革命需要具备群众联盟的助力。全民和联盟的观点贯穿于葛兰西的思想中，在此基础上葛兰西认为文化和思想意识对于工人阶级摆脱其集团利益具有强大的作用。在都灵大学完成学业后，葛兰西开启了职业革命家生涯，随后葛兰西成为都灵社会周报《人民呼声报》的主编，致力于社会主义的实现。随着第一次世界大战的爆发，葛兰西积极响应列宁"变帝国主义战争为国内战争"的口号，发动都灵工人阶级开启反战武装起义。葛兰西受到了工人阶级的推崇，被选为社会党都灵支部书记。①战争结束后，意大利的革命运动热情并未减退，工人和农民阶级下定决心要走"俄国人道路"。十月革命的胜利让葛兰西感到欣喜并且备受鼓舞，他认为十月革命是由社会群众所实现的社会变革的范例。1919年，葛兰西参与创办了新的社会主义周刊《新秩序报》，试图在意大利本土的环境中探讨对于俄国革命经验教训的吸收与利用。正处于迅速发展阶段的工厂委员会受到了《新秩序报》的宣传，葛兰西认为工厂委员会可以起到让工人阶级联合的作用，并且为工人阶级打开获取信息的通道，让工人阶级明确自己的身份，认知其在生产和社会制度中的地位。由于当时意大利资产阶级生产力的衰退，葛兰西尝试为工人阶级培训新的技能，使工人阶级拥有创造新社会和新型国家的能力。葛兰西也

---

① 周穗明，王吉胜等著：《"新马克思主义"先驱者》，中央编译出版社，1998年版，第150页。

渐渐明白，想要摧毁旧的社会制度、维护工人阶级权利只有一条可靠的途径，那就是建立一种新的秩序。1921年1月21日意大利共产党成立，葛兰西是创建人之一。[①]1922年，葛兰西作为意大利共产党代表被选为共产国际执行委员会书记处书记。同年10月，墨索里尼的法西斯主义在意大利取得胜利并夺取了国家政权，葛兰西受共产国际委派回国领导意大利共产党开展反法西斯的斗争。1924年，葛兰西被选入意大利议会担任党的领导工作，他致力于将意大利共产党从其早期的宗派主义改造成为一个扎根于群众运动的政党。同年，葛兰西创办《团结报》，提倡意大利北方工人同南方农民联合起来对抗法西斯的暴政。1926年11月，葛兰西在组织反法西斯罢工时被捕入狱，在监狱期间葛兰西虽然遭受了非人的待遇，但他仍以坚强的意志抵抗。在监狱中葛兰西坚持研究革命理论，撰写了著作《狱中札记》。《狱中札记》共使用33个笔记本，长达2848页。《狱中札记》记载了葛兰西对国际共产主义运动、意识形态理论、文化领导权理论、有机知识分子理论、美学和历史学等理论的思考和探索，是意大利现代思想史上的重要著作。"无产阶级的解放是一个艰苦的事业，只有坚贞不屈的人才能胜任，只有那些在人们普遍感到悲观失望的时候能够保持不屈不挠的精神的人，只有那些意志锻炼得坚如刀剑的人，才配称为工人阶级的战士，才配称为革命者。"[②]这是葛兰西本人用自己的一生来实践的名言。葛兰西作为西方马克思主义的代表人物，其思想与后殖民主义理论产生了碰撞，让后殖民主义从马克思主义中汲取到了重要的养分，让后殖民主义的发展更加科学并具有前瞻性，葛兰西的文化霸权理论也成为后殖民主义的

①黄楠森：《马克思主义哲学史》，高等教育出版社，1998年版，第346页。
②周华平：《意大利共产党的衰亡与重建研究》，华中师范大学博士论文，2013年，第36页。

重要理论渊源。①

  "文化霸权"这一概念在《南方问题的一些情况》中被葛兰西第一次明确使用，后在著作《狱中札记》中完成其文化霸权理论。葛兰西将"霸权"定义为"经过同意的支配"，他认为统治阶级试图去说服人民，让人民相信统治阶级的利益就是所有人的利益，这种力量就是霸权。霸权的支配不是依靠武力，甚至不必依靠主动的说服来实施，而是通过一种微妙的能够控制经济、控制教育、控制媒体的国家机器的权力来进行的。通过这一系列的微妙的操纵，统治阶级的利益被展现为所有阶级共同的利益，并且让所有人相信这是合理的。实施霸权的阶级认为文化霸权是至关重要的，因为他们发现影响甚至控制被殖民者的思想是霸权在殖民地最持久且有效的方式。"文化霸权"也可称之为"文化领导权"，是指某个阶级或联盟为了在政治上获得人民的认同、在制度上得到人民的遵守而对整个市民社会实施的治理合法化进程；也指统治阶级与被统治阶级二者在思想、道德与文化等层面进行的相互谈判与协商，统治阶级试图通过控制文化内容等手段达到对被统治阶级的支配；也可指代表着文化强国的跨国传媒集团所进行的全球文化输出行为，并且在其文化强制性传播的过程中开展文化运动进而掌控其他民族的文化。

  葛兰西对西方资本主义社会进行了详细的考察与深刻的思考，葛兰西认为在西方资本主义社会中，尤其是先进的、具有较高民主程度的资本主义社会，暴力已经不再是统治阶级主要的途径。通过文化宣传在人民的道德和精神层面上巩固统治阶级的领导地位，让人民接受统治阶级制定的一系列法律或制度来达到维护统治的目的，这就是文化霸权的意义。葛兰西在对文化霸权理论不断的完善过程中，将统治与领导这两个

---

①于文秀：《葛兰西的文化领导权理论与"文化研究"思潮》，《求实》，2002年第4期，第23—26页。

概念进行了区分，强调文化霸权是通过大众同意而进行统治的方式。葛兰西认为一个社会集团需要在取得政治权力之前开始行使领导权，这是取得政治权力的首要条件之一。[1]葛兰西认为首要的不是对于"领导"的争夺，而是对于"权"的争夺。这个先后顺序意味着统治阶级所实施的行为能否被人民所接受，其领导能否占有合法地位。因此，统治阶级或统治集团想要获得统治的合法权，就需要赢得被统治人民的同意与尊重，而不是通过压迫或暴力的方法来获得。在赢得人民的同意问题上，必然需要统治者与人民双方的谈判，在谈判的过程中必然涉及到让步、折中与平衡的问题。所以文化霸权的争夺，不是统治者灌输强加给被统治者的，而是双方协商或谈判的结果，文化霸权的争夺不是统治者强加给被统治者的。在这样的情况下，文化霸权就不是一种孤立或静止的统治模式，而是一种动态的统治方式，是一种不断变化的动态平衡，这种平衡在统治和反抗之间，被葛兰西称为"在运动中的平衡"。葛兰西认为社会集团在争夺权力、获得人民认可的过程中，不仅要考虑经济因素，还需要统治阶级超越自身的经济局限，从经济社团阶段、经济合作阶段过渡到最纯粹的政治阶段，也就是文化霸权阶段。[2]在文化霸权阶段，不同的政党或社会集团由于意识形态的差距将产生碰撞与冲突，但是冲突并不是完全对立的，冲突的过程也是相互磨合的过程，经过磨合会得到妥协或协商，最终实现某个社会集团对一系列从属社会集团的领导权。在文化霸权阶段，整个社会经济层面和政治层面的目标得到了统一，精神层面和道德的标准也得到了统一。葛兰西认为，虽然文化霸权超越了经济阶段从而达成了对社会精神层面与道德层面的掌控，但是经

---

[1]衣俊卿：《20世纪的文化批判》，中央编译出版社，2003年版，第244页。
[2]安东尼奥·葛兰西：《狱中札记》，曹雷雨等译，中国社会科学出版社，2000年版，第222页。

济基础的重要地位不会改变，无论是哪个社会集团都必须重视经济基础，经济基础对一个社会来说是无法摒弃或割裂的。文化霸权并没有脱离经济的范畴，文化的战略与实施以社会集团的经济目标为中心，可以说文化霸权是以经济层面为基础的。因此文化霸权对于掌权者来说是一项全面的、综合的统治工程，其中不但包括文化或政治层面，也包括经济层面。在获取领导权和实施文化霸权的基础上，葛兰西提出了关于知识分子的相关理论。葛兰西认为社会集团对于领导权的夺取过程漫长并且复杂，在争取权力的战争中知识分子起着重要的中介作用。葛兰西批判了将知识分子定义于理想主义的观点，他认为知识分子并不是存在于生产关系之上或之外的，知识分子是真实的，并且起到中介职能的人群，可以说知识分子是市民社会与政治社会的活细胞。葛兰西不认同传统的界定知识分子的方式，他着眼于知识分子活动的社会功能并以此来研究知识分子的内涵，一方面葛兰西认同知识分子的阶级性，另一方面他指出了知识分子所具有的独立性和中介性。葛兰西认为知识分子不仅指具有专业知识和专业技能的人群，还指具有文化教养、高尚道德和崇高理想的人。葛兰西的知识分子理论摒弃了传统的对知识分子的狭义理解，从更宽广的视角建立起知识分子与社会实践、人民大众之间的广泛联系。

后殖民主义的代表人物萨义德在其文化观中体现了对葛兰西文化霸权理论的吸收。萨义德认为文化是一个向下浸透其范围内的几乎一切的价值系统；而矛盾的是，文化又是在不同时可为它所支配的一切人或物所用的情况下，自上而下地支配它们。关于文化与霸权，萨义德认为霸权永远试图努力让自己扩张到最大限度，然后从权力和特权的高处向下漫延，促使霸权扩张的力量无论是拔高的还是强制的，文化发挥的力量都是至关重要的。为实现文化和社会的对应而进行的斗争，本质上是战斗性的，是对霸权的反抗。这样的反抗与斗争需要强大的权力作为支撑，这是文化与国家的同一化。所以可以理解为文化的权力就是国家的权力，文化的等同于国家的，文化自上而下建立，文化通过政体来吸纳与排斥，最终留下的将与国家同一。而批评家的功能之一是抵抗这样的文化和国家的同一，批评家行使自己的功能时，输出的批评将生产出一个距离，这个距离让人们对这同一产生思考，然后抵抗文化的霸权。萨义德将关注点放在这种带有霸权的文化，这种文化在对被殖民社会施加霸权时，这强制的权力得到了最残酷的运用。

在萨义德对葛兰西文化霸权理论的运用基础上，后殖民主义的另一代表人物斯皮瓦克引用了葛兰西的"属下"概念。20世纪初，葛兰西在《狱中札记》中提出了这个概念，葛兰西在论述阶级斗争时，在政治压力下使用了"属下"代替马克思"无产阶级"的概念。葛兰西认为意大利乡村农民没有统一的组织与规划，没有成型与自觉的意识形态，所以使用"属下"来代替马克思"无产阶级"的概念。斯皮瓦克在葛兰西"属下"概念的基础上，将"属下"概念用于后殖民主义的研究，并对"属下"概念做出了新的解释和拓展。斯皮瓦克提出了属下阶层无法开口、不能说话、毫无话语权的问题，拓展了属下女性阶层的相关论述，批判了西方女性白人中心主义。葛兰西的文化霸权理论对后殖民主义理论产生了深刻的影响，在此基础上萨义德、斯皮瓦克和霍米·巴巴等代表人物开始探讨对文化霸权的抵抗和对自我文化身份认同的建构。

2　福柯的权力话语理论

20世纪初，西方哲学思想史中出现对于语言学的关注。[1]在对本体

---

[1]李智：《再论国际话语权及其提升路径》，《北大新闻与传播评论》，2014年第1期。

论和认识论研究的基础上转向能够表述世界的语言学，其中话语理论和话语分析成为学术研究的关注热点。话语是一个由陈述组成的系统，人们通过话语来认识世界。话语不是传统意义上的语言，而是一个界限严明的社会知识领域。世界通过话语而形成，在话语中有作者与读者，有诉说者与聆听者，在话语中人们形成了关系，并理解自己在世界的位置。米歇尔·福柯（Michel Foucault）对于话语理论的形成起到了非常重要的作用。福柯没有受到传统理论的禁锢，勇于冲破语言学的学科边界，为话语理论带来了一个社会学的新落脚点，为重新界定话语贡献了巨大力量。福柯从社会关系层面对话语进行剖析，揭示了其中隐藏的深刻意义，梳理了由话语编织的权力关系网络，探究话语与权力之间的同一关系。从学术贡献的角度来看，福柯的权力话语理论或话语权力理论具有重要地位。

米歇尔·福柯是法国哲学家、社会思想家，也是法兰西学院思想体系史教授。他毕业于巴黎高等师范学院和索邦大学，在文学批评及其理论、哲学、批评理论、历史学、科学史、批评教育学和知识社会学方面都有很大的成就。福柯的著作包括《疯狂与文明》《词与物》《事物的秩序》《知识考古学》《纪律与惩罚》《性史》等，对当代人文科学有重要启示作用。[1]1926年10月15日，米歇尔·福柯出生在法国普瓦捷的一个普通乡村家庭。他的父亲保罗的职业是医生，可能是由于职业的原因，他与父亲的关系并不那么亲密。其实米歇尔·福柯最初的名字是保罗·米歇尔·福柯，后来他放弃了保罗这个名字，可能与他和父亲疏离的关系有关。福柯在学生时期成绩十分优秀，求学之路非常的顺利，二战后他进入法国最负盛名的巴黎高等师范学院学习。福柯在巴黎高等师范

---

[1]李彬：《符号透视：传播内容的本体诠释》，复旦大学出版社，2003年版，第294页。

学院的那段学习时光对他的学术生涯来说非常的重要，在这里他的哲学与心理学理论得到了启蒙与爆发。特定的时代背景给予了福柯学习哲学的优良环境，由于当时法国学术界非常热衷于对黑格尔、胡塞尔和尼采等德国哲学家的理论进行研究，让福柯也对德国哲学理论产生了兴趣。让·希普雷特是一位非常著名的翻译家和德国哲学专家，他是福柯的教授之一，对福柯的理论产生了非常大的影响。梅洛·庞蒂当时正在巴黎高等师范学院任教，他的存在主义和现象学课程让福柯非常喜欢。在巴黎高等师范学院求学的后期，福柯与法国著名的哲学家和科学历史学家乔治·康吉莱姆成了伙伴。虽然在学术研究上福柯成绩斐然，受教于专业领域的名师，结识了志趣相投的伙伴朋友，但是他的私人生活并不顺利。在巴黎高等师范学院的求学阶段福柯患有严重的抑郁症，甚至企图自杀。由于这样特殊的精神状态，福柯接受了心理学家的治疗，也正是因为如此的境遇，让福柯对心理学产生了浓厚的兴趣。因此，他不仅接受了哲学的启蒙，还接受了心理学方面的教育，福柯甚至参与了心理学科的临床实践，在这个过程中他收获了许多，比如结识了路德维希·宾斯旺格等思想家，让福柯的学术广度与深度得到了提升。除此之外，马克思主义对于福柯也产生了重要影响。与巴黎高等师范学院的许多同学一样，福柯跟随着马克思主义的脚步，在1950年至1953年期间，经他的老师阿尔都塞介绍加入了法国共产党。但是后期由于斯大林统治下的苏联情况，福柯离开了共产党。在福柯加入法国共产党期间，他从未参加过共产党的活动。1950年福柯正式从巴黎高等师范学院毕业，并留校任教了一段时间。在巴黎高等师范学院的教师时光并没有留住福柯，福柯很快发现自己对这份职业并不感兴趣，所以他毅然决然地离开了法国。对于福柯来说，乔治·杜梅齐尔是他亦师亦友的伙伴，乔治·杜梅齐尔为福柯在瑞典乌普萨拉大学谋求了一个法国文化代表的职位。自此之后，福柯开始法国文化代表的职业生涯。从1954年到1970年，他在乌普萨拉大学、波兰华沙和德国汉堡担任文化代表。此后福柯在法国克莱蒙费朗大学教授哲学这一科目，在这里他与丹尼尔·德费特结识，不仅在思想上成为挚友，还成为相伴相守的灵魂伴侣。福柯在巴黎高等师范学院求学时，就已经表现出对于心理学和精神病学浓厚的兴趣。福柯的学术研究之路总是充满着机缘巧合，在心理学科方面，福柯父母正好结识一位心理学家雅克琳娜·维尔道，她的丈夫乔治·维尔道是法国精神分析学家雅克·拉康的学生。因此，在维尔道夫妻二人的影响之下，福柯对心理学和精神分析学进行了系统且深入的研究学习，并与雅克琳娜共同翻译了瑞士精神病学家宾斯万格尔的著作《梦与存》。在这部译作完成后，福柯受雅克琳娜的邀约为此书的法语版本写一篇序言，在1953年复活节时，他已经准备好了一篇比正文还长的序言。在这篇序言中，福柯优秀的写作风格与学术的潜力已经显现出来。1954年，这篇序言的译作由德克雷·德·布鲁沃出版社出版，收录于《人类学著作和研究》丛书。同年，福柯出版了他的第一本专著《精神病与人格》，收录于由法国大学出版社出版的《哲学入门》丛书中。随着时间的推移，福柯后期再阅读这本书时他的思想已经远远超越当时的观点，认为书中的内容还存在不成熟的地方，因此在1962年再版时重新进行了修改，书中的内容也变化许多。1955年8月，在著名神话学家乔治·杜梅齐尔的大力推荐下，福柯受聘到瑞典乌普萨拉大学教授法语。在瑞典期间，福柯还担任法国外交部设立的"法国之家"的主任，因此福柯在教学之外的大部分时间都用以组织文化交流活动。在瑞典的三年时光中，福柯开始书写他的博士论文。福柯离开瑞典时，《疯狂与精神错乱——古典时期的疯狂史》一书已基本完成。福柯在著作的完成过程中得到了许多友人的帮助，乔治·杜梅齐尔一直不断敦促和帮助他。乌普萨拉大学图书馆中大量的档案、信件和各种罕见的医学史书籍也给福柯的学术研究带来了巨大的帮助。1958年，对于福柯来说学校的教学和工作负担过重，所以他决定辞职并于6月离开瑞典返回巴黎。两个月后，同样在乔治·杜梅齐尔的帮助下，法国外交部考察了福柯过往的工作，非常认可他在瑞典组织文化活动时展示出来的组织能力。鉴于此，福柯被法国外交部任命为设立在华沙大学内的法国文化中心主任。福柯于同年10月抵达波兰，在波兰发生了戏剧性的事情，事情牵涉到波兰的情报机构，中间的过程充斥着国家之间的刺探与监视。这件事情的发生让福柯在短暂的停留后离开了波兰。

离开波兰后，福柯没有停下脚步，继续着他的海外旅行，这次他来到了汉堡，在那里他继续担任法国文化中心的主任。1960年2月，福柯终于在德国完成了他的博士论文。这篇沉甸甸的论文令人惊讶，论文的厚度和深度超乎常规，页数多达943页，虽然这包括了附录和参考书目。按照惯例，国家博士学位申请者应提交一篇主论文和一篇副论文。因此，福柯决定翻译康德的《实用人类学》，并将前言作为次要论文。尽管这篇前言从未出版，但是对于福柯有研究的人士发现，虽然它不尽成熟，但是福柯重要的一些观点，比如《词与物》和《知识考古学》中的重要概念和思想，实际上已经在这篇前言中形成。在康德和尼采的影响下，福柯认为哲学的作用不仅仅是诉说永远存在的东西，而是去分析事物，去诉说发生的事情。他认为哲学的任务不仅是要分析过去的已经被合理化的现实，因为合理化的过程会带来限制，而哲学的任务是超越这些限制生产新的主体。福柯对于话语的研究采用了考古学和系谱学方法论，其中体现话语生成的考古学，是历史横向维度；解析权力与知识或话语之间互动关系的谱系学，是历史纵向维度。①20世纪60年代，福柯在其理论中多次提及考古学。20世纪70年代，福柯的论述从考古学转向了系谱学，将更多的目光落在话语体制历史决定性。福柯从社会关系层面对话语进行剖析，揭示了其中隐藏的深刻意义，梳理了由话语编织的权力关系网络，探究话语与权力之间的同一关系，福柯的话语理论可以称之为权力话语理论或话语权力理论。

话语一词源于拉丁语"discursus"，追溯词源，话语最初可以译为"到处跑动"。在现代语言学中，话语的概念指的是完整单位的、大于句子的语段。②话语由两个部分组合而成，分别是话语内容和话语形式，这两个部分是相互依存的。关于话语可以引申出许多的问题，比如话语的内容、话语的产生者、话语的产生地点、话语产生的情境等。关于话语的一系列问题将话语编织进入了一个复杂的网络之中，而这个网络就是社会关系。我们每一个人都在这个社会网络之中，并以此为前提认知他人，同时也被他人认知，在这个社会网络中话语发挥着巨大的作用。福柯认为由"词"和"物"的简单结合所得到的结果不能称之为话语，话语不只是语言和现实二者的连接。尽管话语由符号构成，但是话语不等于表征的符号，话语所实现的作用不只是用符号来称呼事物，话语的实际作用要远远多于这些，而这多的部分是无法还原为语言的，这正是需要被研究和被揭示的。③话语的概念是福柯《知识考古学》中最基本的认知，他认为话语是一套陈述，话语的生产不是天然自发的，而是为一定数量的程序所构成、掌控、组织与分派的。话语是关于某个问题、话题或议题的陈述或论述，但却不是一般的陈述，话语中包含了语

---

①朱振明：《福柯的"话语与权力"及其传播学意义》，《现代传播》，2018年第9期。
②傅春晖，彭金定：《话语权力关系的社会学诠释》，《求索》，2007年第5期。
③Michel Foucault,The Archaeology of Knowledge,New York:Pantheon Books,1972,p.48-49.

言使用，也包含了对语言使用的规约。也可以理解为话语包含了语言在社会中使用的方式，同时也包含了对语言使用而产生制约的因素，即社会规约。话语虽然是语言使用的一种陈述方式，但是话语不能等同于符号系统，而是一种社会实践活动。话语这种社会实践活动是深深地渗透于社会之中的，并不断地与社会进行互动。[1]话语是用符号去界定事物、建构"现实"和创造世界的社会实践，它的核心是赋义行为。[2]福柯对话语的研究具体体现在一个人在何时何地说了什么内容和所具有的功能，这句话带来了两个层面的思考，其一是说的本身含义，其二是说的功能。这两个方面不仅涉及话语的本身与话语实践，还涉及外在性因素。福柯在《知识考古学》中多次使用"话语实践"的概念，体现了话语的实践维度。对话语的实践性研究不但要求对话语的实践条件、话语受制约的规律进行探究，还要求对话语当下的情境进行分析，才能认知到隐藏于话语之下的社会权力关系。当话语成为一种社会实践活动，话语便可以行使一些社会功能，话语的社会功能的实施对现实社会起到了能动的建构作用。福柯所论述的话语是处于社会关系中的话语，不是纯粹的语言本身。在社会关系中的话语不可能是空白的陈述，这样的话语是无研究意义的。社会关系中的话语总是在表达对事物的价值判断，这种价值判断有着自身的含义与指向。话语对于社会的能动建构作用不仅制约了个体的身份认同、个体的意志和行为方式，还参与了人与人之间的权力分配，塑造了人与人之间的社会关系。同时，话语发生于特定的社会历史情境下，并对其所处的社会历史情境产生影响。诺曼·费尔克拉夫

---

[1]米歇尔·福柯：《知识考古学》，谢强，马月译，生活·读书·新知三联书店，1998年版，第32—36页。
[2]李智：《从权力话语到话语权力——兼对福柯话语理论的一种哲学批判》，《新视野》，2017年第2期。

是英国话语分析学者，著有《话语与社会变迁》，他认为福柯对于话语概念及其分析方法的普及作出了巨大的贡献。

福柯除了对话语的内涵做出了深刻的论述，还对权力进行了系统的研究，尤其关注微观的、处于边缘的话语权力，并对其进行了分析。自古以来，权力代表的内容不是一成不变的，权力的意义随着时间的流逝和社会的发展不断变化。16世纪，新的权力形式"国家"出现。随着基督教的诞生，以个体化为特征的牧师权力也随之出现，个体化权力逐渐被整合进入国家权力中。17、18世纪，高高在上的君主权力被逐渐形成的纪律社会所取代，纪律权力成为主要的权力特征。18世纪后半期，以大众化为特征的生命权力走向主流。在权力不断变迁的过程中，权力拥有了自身的历史性，权力不再是"财产"的性质，而逐渐演变成为权力关系。在福柯的话语权力理论中，他认为权力指的是一种关系，权力关系是一种力量关系，是一种对他者行为的影响。当权力成为关系之后，便不再是专横的驱使，也不再是强硬的号令，而是逐步成为一种主体影响客体行为的策略关系，权力成为社会中复杂策略关系的总称。权力关系是改变社会的路径，福柯认为人们只能通过改变这些关系来改变社会。①关于权力，福柯提出了诸多疑问，比如权力在社会中运行时是以何种形态存在，权力是如何进行具体实施的，权力都会受到哪些制约，等等。在常规的理解中，权力是禁止或阻止，是对他人行为产生制约的力量。但是福柯并不这样认为，他将权力看作一种关系，他试图去揭示权力的网络和权力的机制，找寻权力实施的方式和权力实施的助力。除了硬性权力外，福柯还对软性权力进行研究，发现权力的无所不在。②

①Michel Foucault,Dits et Ecrits,Paris:Gallimard,1994,p.473.
②米歇尔·福柯：《福柯说权力与话语》，陈怡含编译，华中科技大学出版社，2017年版，第viii—x页。

关于权力运作的分析方法，福柯认为其重点不是处于中心位置的合法形式的权力，而是权力的极端状态、权力的维系管道和权力的最终归宿。通过对于权力的局部形式与微型机构的分析，将处于极端状态下的权力揭示出来，从而发现权力的非合法形态。权力运作要分析权力与其应用对象、应用领域之间的直接关系，而不仅仅是权力的自觉意向和决策层面。如果我们只去关注权力的拥有者和其目标，就是忽视了权力的实践，而权力投入后的真实实践是研究权力运作不可缺少的内容。对于权力的研究不仅要关注权力统治者，还要关注统治隐藏在其中的构成方式。权力处于一个循环的过程，在循环的过程中存在一个链状结构，权力实施的对象成为权力的运载工具。所以权力不是某个人或某个阶级对他人的权力支配，二者的区别不是有权者和无权者的问题。在权力的网络中，权力通过运载工具不断循环，从中心向基层渗透。福柯从社会最微小层面开始考察，研究权力如何从微小的基质不断升级，变成一般化基质、普遍化的支配最终成为殖民化。①权力从小至大的过程是需要被揭示的，权力是如何被利用、转移与扩展，逐步从中心开始蔓延，最终产生巨大的影响。在这个过程中，权力通过潜移默化的机制进行实施，导致了意识形态的产生，进行了对于知识权力的发现、筛选和传播。

对于话语和权力二者的关系问题，福柯认为话语就是权力，或者说权力就是话语。权力话语可以理解为在话语中隐含了一种掌控力量或者是压制力量，话语中也隐含着一种权力关系，这种权力关系的影响通过话语来散播。话语是社会实践的形式之一，是社会实践的符号成分。对于话语的研究需要将话语放置在社会的环境之下，在社会中话语对社会现实不仅仅是反映，而且还会折射。话语虽然是寄身于社会权力关系之中，但同时话语会为所身处的社会权力关系带来影响与变化。由于话语中的价值判

①王岳川：《福科：权力话语与文化理论》，《现代传播》，1998年第6期。

断无法避免的会携带意识形态，所以话语是意识形态话语，意识形态话语对于社会权力关系总是起着维护、改变甚至颠覆的作用。在社会现实中，话语的生产会按照一定的程序被选择和传播，话语隐藏于复杂的社会关系之中，通过对社会权力关系的积极介入来发挥作用。在话语的场域中，对话语权的占有不是一成不变的，话语权的争夺结果被许多复杂因素影响，但是权力占有者会拥有非常明显的优势支配的权力。话语不只是权力的产物，也是权力的载体和生产制造者；权力生产话语，话语承载着或生产着权力。话语对于社会中的权力和支配关系进行展示、强化或再生产，使其合法化；同时也会对权力和关系进行质疑、改变和颠覆。通过以上论述可见，话语的核心社会功能是赋予某个社会个体或者社会群体以权力，同时也会剥夺另一方的权力。人们可以通过话语赋予自己权力，通过话语的生产、流通和发挥功能，从而建立起权力关系并且将其巩固。福柯认为话语的关系就是权力的关系，话语的意志就是权力的意志，话语是"权力话语"。在这个社会中，话语的生产不是天然自发的，这个生产的过程需要通过某些程序来掌控。这些程序对于话语的生产过程有着巨大的影响，这些程序可以被当作争夺权力、预估危机、控制偶然事件和防止罪恶的工具。处于社会中的人们认识这些程序并排斥这些程序，人们在使用话语时要受到许多规则的限制，没有人拥有话说一切的权力。①福柯在《知识考古学》中对于话语实践和非话语实践有着清楚的总结，他认为脱离话语实践的非话语实践是不存在的，不依赖于非话语实践的话语实践也是不存在的，二者紧密相连。同时，与知识构成无关的权力关系是不存在的，与假设权力关系存在并与其构成无关的知识也是不存在的。②通过福柯的论述可以得出结论，即话语就是权力，或者权力就是话语。权力

---

①Michel Foucault,L'ordre du discours,Paris:Gallimard,1971,p.11.
②Michel Foucault,Surveiller et punir. Naissance de la prison,Paris:Gallimard,1975,p.32.

话语可以理解为在话语中隐含了一种掌控力量或者是压制力量，话语中也隐含着一种权力关系，这种权力关系的影响通过话语来散播。福柯认为存在话语的地方就必然存在权力，权力是话语运作的无处不在的支配力量。由于话语中存在权力，那么话语传播的本质即是权力的运作，是在某个特定的语境或环境下形成的一种掌控性的关系和控制性的行为。话语权力的表达形式是通过语言的传播来实现意义、达成价值和建构规范，在人们的认知中，法律与制度会对自己的思想与行为起到规范作用，但是人们可能没有认识到建构话语权力同样会对人起到规范作用，并且可以控制人的意识形态。

在对话语和权力关系的分析中，"知识"概念的引入让话语权力的研究更加清晰，深刻揭示了话语权力中存在的不平等关系。福柯认为知识的本质可以说是一种用来维护自身及自身所在利益集团的工具，这种工具也用于控制他人和他人所在的利益集团。[①]从社会层面上分析，知识是作为权力资源存在的，知识通过话语表达，通过知识的有用性可以论述知识与话语的权力性。随着权力网络的运行，知识不断地生产和传播，权力和知识之间隐藏着一种关系。面对权力与知识时，虽然知识分子将二者划出了明确的界限，试图将知识领域冠以自由和真理的标签，并将知识领域与权力世界分割开来，但是福柯认为二者绝不是毫不相关。在众多学科之中，人文科学的产生与权力的机制和运行息息相关。知识帮助人们揭开了外部世界的面纱，打开了人们对外部世界认知的大门。知识也起到了对个体保护的效用，它通过一系列的理解实践进而构成了现代人生存的手段。福柯认为话语是人类科学的知识体系，人们需要依靠话语来实现对知识的获取，可以说

①傅春晖，彭金定：《话语权力关系的社会诠释学》，《求索》，2007年第5期。

人类的所有知识都离不开话语。尼采认为知识属于权力的工具，是权力关系的固有之物。福柯对于话语权力的理解深受尼采的影响，在《话语的秩序》和《知识考古学》等著作中，福柯在尼采的启发下提出了"知识型"问题，关于知识和话语的形态问题。根据人类的感知和意识形态来分析话语的形成和知识谱系是不彻底的，应该从权力的角度出发。对一种压抑的知识的分析，可以从谱系学的角度进行研究，研究的方式是回到斗争和冲突的原始记忆，在原始处进行重新的发现和阐释。只有将总体性话语和总体性话语体系的特权地位抛弃，才能够重新建立话语的谱系学。谱系一词代表了冷僻知识和局部记忆二者的结合，二者的结合能够使人们在当代建立起权力斗争的历史话语，并对这一历史话语进行策略性的使用。①福柯从谱系学的角度对话语和知识进行了研究，分析部分的、中断的、非正当的知识，用以抗衡总体性、统一性的理论，重点关注知识话语的逆反性。由于呈现出总体性与统一性的理论霸占了"真正的知识"的称谓，便可以采取其主体独断的方式对知识进行择选、划分与权力运作。在这样的条件下，谱系学的目标是与其对抗，将知识话语的逆反性放在重点。谱系学可以说是颠覆性的，但是它并没有抽离科学的概念、内容以及方法，而是将中心化和同一化的权力与其分离，也避免了权力产生的后果。谱系学试图让历史知识从权力的压迫中脱离出来，让历史知识具有对抗的能力，这种能力是能产生科学话语的新的力量。无论处于何种社会背景下，知识对于人类来说都不是中立的，也不会是纯粹的。我们所了解到的知识不仅仅是来自于某一学科，这些知识无不在某种权力关系的笼罩下。也可以认为任何的话语都是权力关系运作下的产物，在许多学科领域内都会

---

①王岳川：《福科：权力话语与文化理论》，《现代传播》，1998年第6期。

存在，比如法律话语、医学知识、人文知识，等等。在社会科学中，知识是强势群体的集体意识；在自然科学中，知识体系也会成为权力的因子，比如规律、定律和定理，需要经过人的阐述和注明，才能为大众所理解和接受，通过这样的过程进入知识体系，与权力关系之间有必然的联系。比如西方奉为精神食粮的《圣经》，当教士手持《圣经》向人们讲学时，教士便拥有了话语的权力，掌握着知识的人似乎也同时掌握了话语权，这种话语权的作用十分重要，能产生巨大的能量和影响，知识与权力产生了联系。当知识借助权力开始传播时，知识的话语蔓延所至，权力也跟随其所至。知识通过权力的力量传播自身，权力通过知识话语不断内化，并不断地对社会生活产生广泛的影响。

福柯对于权力、话语以及知识的分析，并没有指向统治权的法律属性与国家机器，而是将研究指向了对民众进行支配的、对于权力具体操作的对象，是建立在支配技术的微型权力的分析，这也是福柯谱系学和话语分析的重点之一。福柯的权力话语理论为后殖民主义理论开辟了新的思路，揭示了隐藏于文化殖民背后的权力话语关系。

3　德里达的解构主义理论

在葛兰西的文化霸权理论与福柯的权力话语理论的支撑下，后殖民主义理论将目光落在了对西方帝国主义内部的解构，开始探究原殖民地国家与宗主国之间的权力话语关系。可以说葛兰西的文化霸权理论与福柯的权力话语理论是后殖民主义理论重要的思想渊源，为后殖民主义理论提供了系统的、科学的理论渊源，让后殖民主义学者成为多元文化语境中的具有独特学术视角的话语发出者。除了葛兰西的文化霸权理论与福柯的权力话语理论外，德里达的解构主义与布迪厄的社会语言学等也为后殖民主义理论带来启发与灵感。

雅克·德里达（Jacques Derrida）是法国哲学家、思想家，西方解构主义理论的代表人物，代表作品包括《论文字学》《声音与现象》《书写与差异》《哲学的边缘》《人的目的》《胡塞尔现象学中的起源问题》《马克思的幽灵》《文学行动》等。1930年，德里达出生于非洲北部国家阿尔及利亚。1949年，德里达回到法国求学，就读于巴黎高等师范学院，这所学校被称为"法国哲学家的摇篮"。1956年，德里达来到美国哈佛大学继续深造。在德里达求学期间，梅洛·庞蒂、路易·皮埃尔·阿尔都塞、米歇尔·福柯等学者对他产生了深刻的影响。1963年，德里达于巴黎哲学学院进行了一场关于福柯理论的演讲，让其在学术领域崭露头角。1966年10月，德里达与巴特和拉康共同参加美国霍普金斯大学举办的国际学术研讨会。会议期间德里达进行了主题为《结构，符号，与人文科学中的嬉戏》的演讲，他对结构主义提出质疑并使用了"解构"的概念，标志着一个崭新学派在法国学术领域萌生，被称之为"后结构主义"或"解构主义"。1967年，德里达发表了《写作与差异》《论文字学》与《播撒》，这三部著作奠定了德里达一生的学术基础。1983年，德里达任巴黎社会科学高等研究学院研究主任，成为国际哲学学院创始人和第一任院长，被授予法兰西公学院名誉教授。2004年10月9日，雅克·德里达于巴黎逝世。雅克·德里达作为解构主义的代表人物，他的思想撼动了传统人文科学的理论基础，让整个欧洲和北美的学术领域都产生了巨大的反响，成为当代学术思潮重要的理论源泉之一。

德里达的解构主义理论带给了后殖民主义文化策略与方法。在《论语法学》中，德里达提出了解构主义的理论，解构主义是对早期"结构主义"和"符号学"等哲学理念的修正和发展。解构主义以对语言学中的结构主义的批判为基础，其核心理论是对于结构本身的批判。解构主义认为符号本身已经能够反映真实，对于单独个体的研究比对于整体结构的研究更重要。德里达引用了海德格尔的观点，海德格尔认为西方的哲学历史是形而上学的历史，它的原型是将"存在"定义为"在场"，德里达将此称作"在场的形而上学"。德里达认为"在场的形而上学"意味着在所有的事物背后存在着一个根本原则或一个中心语词，这种代表终极、真理与第一性的原则构成了一系列的逻各斯。"逻各斯"一词由古希腊语音译而成，指的是内在规律与本质的意义，也有外在对规律与本质的言语表达的意义。逻各斯中心主义是一个哲学术语，指的是一种以逻各斯为中心的结构。逻各斯代表着永恒不变，所有的人与物都拜倒于逻各斯门下，都将遵循逻各斯的运转逻辑，而背离逻各斯就意味着走向谬误。[①]德里达及其他解构主义者对逻各斯中心主义的思想传统展开了质疑与攻击。解构主义试图打破现有的单元化的秩序，不但包括现有的社会道德秩序、婚姻秩序与伦理道德规范，而且包括个人意识上的秩序，在打破秩序后再创造更为合理的秩序。解构主义对现代主义正统原则和标准批判地加以继承，运用现代主义的语汇，却颠倒、重构各种既有语汇之间的关系，从逻辑上否定传统的基本设计原则，由此产生新的意义。用分解的观念，强调打碎、叠加、重组，重视个体、部件本身，反对总体统一而创造出支离破碎和不确定感。后殖民主义通过对解构主义的吸收与运用，发展了后殖民主义的阅读策略与文化批判方法，开始着眼于传统意义上的经典文化作品，对既定的经典作品进行拆解、重构，开始具有后殖民特色的文化批判。

①杜伟：《审美原理：感性世界的理性基础》，华中科技大学出版社，2021年版，第234页。

4 布迪厄的社会语言学理论

皮埃尔·布迪厄（Pierre Bourdieu）是法国社会哲学家，巴黎高等研究学校教授，法兰西学院院士，被公认为是20世纪杰出的思想家之一。布迪厄的学术研究视野非常广泛，包括文化、政治、哲学等多个领域，其代表作品包括《论电视》《世界的贫困》《继承者》《区别》《社会学诸问题》《再生产》等。1930年，布迪厄出生于法国贝恩亚，就读于当地的路易巴图中学。1948年，布迪厄由于表现优异，经过其老师的推荐进入了巴黎"伟大的路易"中学就读。大学期间，布迪厄就读于法国高等师范学院，主修逻辑学与科学哲学，尤其对黑格尔的哲学思想非常感兴趣。1953年，布迪厄硕士毕业。1954年，布迪厄通过哲学教师会考，任职于木蓝中学。1955年，布迪厄被国防部征召服役。1958年，布迪厄来到了阿尔及尔大学文学院教授哲学科目。1960年，布迪厄返回法国，曾任索邦大学助理、里尔大学社会学讲师。1964年，布迪厄成为午夜出版社主编，其部分著作出版于此。1972年，布迪厄出版了经典的社会学著作《实践理论概要》。1975年，布迪厄创办了学术刊物《社会科学的研究行为》。1980年，布迪厄出版了另一部重要著作《实践的逻辑》。1992年，布迪厄发表了曾在美国芝加哥大学演讲的稿件《反观社会学的邀请》。1995年，布迪厄创立了行动动机出版社，着眼于新自由主义的批判。1981年，布迪厄成为法兰西学院社会学教席，实现其学术生涯的巅峰。2000年，布迪厄获得了英国皇家学院颁发的赫胥黎奖章，这一奖章代表了国际人类学界的最高荣誉。布迪厄的思想与理论不但给学术领域带来了巨大的影响，还引起了全球性的关注与争议。

在布迪厄的社会语言学理论中，核心思想是"语言交换的经济"。布迪厄认为"语言交换的经济"主要指语言是一种可供交换的经济资本，在语言交换的过程中存在着一定的市场与调节规则，语言关系总是符号权力的关系。在言说者的背后隐藏了非常众多且复杂的社会因素，语言交换的背后隐藏了权力关系的无形操纵。通过社会学的视角来分析，布迪厄认为语言中存在着社会分化，语言所表达的是一种权力关系。对于话语与权力观点的阐释，布迪厄在马克思主义理论的基础上，引入了一个经济学概念"场域"。他认为整个社会空间可以被分化为多种多样的场域，这些场域之间存在着相互联系，同时也存在着矛盾与斗争，所有的场域整合成一个共同的权力场域。语言本身是一种符号资本，语言的交换是一种场域，所以语言交换的场域是一个客观存在的经济场域，在这个经济场域中蕴含了复杂的经济、社会与权力关系。语言的运用与权力关系二者息息相关，语言在权力关系的网络中运作，在此条件下形成了语言交换的市场与经济。由于权力关系的支配，语言的交换成为人们在交换市场中进行的权衡，而最终的目的是获取利润。

在此基础上，布迪厄提出了象征性权力的概念。象征性权力是一种隐形的权力，它存在于社会生活之中，也是一种权力的形式。[1]象征性权力通过语言来构成既定现状的权力，这种权力是真实存在的，它可以不依靠军事或经济的任何形式使人得到所求，达到目的。可以说在社会生活中，任何一种权力的运行与实施都需要依靠话语的使用，话语的使用技巧也有其重要性。象征性权力的作用非常巨大，甚至可以去维持或毁灭一种社会秩序。布迪厄探究其中的原因，他发现之所以能够赋予话语权力与力量，是由于人们对于掌握话语权的人和话语本身非常的信任，并且无条件地相信它们的合理与合法性。如何能掌握

---

[1] 高宣扬：《布迪厄的社会理论》，同济大学出版社，2004年版，第36页。

话语权就变得至关重要，拥有话语权就能够实施话语的权力，得到人们的信任，资本在这个运行过程中发挥了巨大的作用。资本可以分为经济资本、社会资本和文化资本，资本的数量和资本的构成将决定拥有资本的人的实践方式。但是资本并不是一种简单的结合体，不是将每一种资本相加即为资本总和，资本的价值是受到环境与权力关系影响的。资本的助益对话语权的占有起到了非常大的作用。在《资本的形式》中，布迪厄将文化资本又进行了划分，分别是身体化形态、客观形态和制度形态。文化资本是一种人类劳动成果的积累，受阶级属性等因素的制约，文化资本的价值不是行动者来决定的。布迪厄关于文化资本的观点和福柯的知识话语理论有共同之处，他们都认可其中的权力关系。可以说整个人类社会文化活动的变化与语言存在着一定的联系，当语言资本或者文化资本表现出权力的力量时就成为象征资本，象征资本是象征性权力的基础，拥有象征资本可以实施象征性权力。①布迪厄从经济学的视角来审视语言的市场，当人们拥有的语言资本越多，就拥有了越多的权力，也可以从语言资本的差异中获得"差别利润"。布迪厄认为权力和知识彼此紧紧相连，二者相互作用产生的话语权力作用巨大但是却非常隐蔽。当话语或知识存在时，权力就会发生作用，权力被实施的对象会对此表现出信任与认可，不会对权力或权力行使的合法性产生质疑，在这样的过程中，权力往往可以成功地运作与实施。通过对文化资本的投资和支持，能够提高权力拥有者的社会地位，所以对文化资本的争夺也会非常激烈，文化资本通过一种隐蔽的方式将原本不平等的关系合法化。当权力拥有者实施权力之后，会试图永久地占有权力，没有拥有话语权力的人会试图占有话

---

①傅春晖，彭金定：《话语权力关系的社会学诠释》，《求索》，2007年第5期。

语权力，所以权力关系不是一成不变的，而是处于变化的状态中，哪里有知识与话语，哪里就有权力，哪里就要斗争。①布迪厄深刻地挖掘了语言与权力二者的隐藏关系，其社会语言学理论揭示了隐藏于非物质领域内的利益斗争，揭示了隐藏于话语之中的众多繁复社会因素，揭示了语言的交换时刻处于权力关系的无形掌控中，揭示了语言的交换其本质是言说者之间权力关系的交换。布迪厄关于语言与权力的观点鲜明且深刻，为后殖民主义理论开辟了新的理论视角。

第三节　当代文化思潮的概念辨析

在梳理了当代文化思潮的兴起与发展，追溯了当代文化思潮的重要理论渊源后，我们能够发现对于当代文化思潮的概念界定具有高度的争议性，学术领域对于各个时期的理解各有不同。当代文化思潮的概念不是直接独立存在的，而是在一系列密切相关的语境中经过社会不断地发展与变化所产生，各个概念之间有着密不可分的联系，甚至是有着重叠的时空与意义。在这样的背景下，本节将以后殖民主义的概念为重点，对围绕在后殖民主义周围的相关概念进行辨析。通过对这部分复杂含义与交叠词汇的梳理，能够更加清晰地理解当代文化思潮脉络。

---

① 朱伟钰：《"资本"的一种非经济学解读——布迪厄"文化资本"概念》，《社会科学》，2005年第6期。

1 帝国主义、殖民主义与后殖民主义

在当代文化思潮的进程中，帝国主义与殖民主义两个概念之间存在着交叉，将二者完全区分是非常困难的。在对帝国主义和殖民主义的学术研究中，有部分学者将这两个概念作为近义词来使用。本节将对帝国主义、殖民主义与后殖民主义进行具体的分析，在交叉概念的对比研究之下区分其差异，有利于更加清晰地认知帝国主义、殖民主义与后殖民主义在当代文化思潮中的重要地位。

对于帝国主义的概念，列宁在《帝国主义是资本主义的最高阶段》中进行了论述。列宁认为：“帝国主义是发展到垄断组织和金融资本的统治已经确立、资本输出具有突出意义，国际托拉斯开始瓜分世界，一些最大的资本主义国家已经把世界领土瓜分完毕这一阶段的资本主义。”①帝国主义是资本主义的最高阶段，基本特征是垄断代替了自由竞争，形成了金融寡头的统治。19世纪80年代末，帝国主义逐步转型，将经济、政治和文化作为主要的支配形式，西方发达资本主义国家开始通过对意识形态的侵蚀来掌控其他落后国家。殖民主义是宗主国依靠军事力量或武力压迫占领殖民地，通过远程遥控或指派官员定居于殖民地，从而进行具体地掌控。二者的区别可以认为是控制形式的不同，帝国主义依靠军事、政治、经济与其他国家建立起掌控系统，目的是为帝国主义的商品生产输送劳动力、拓展市场；殖民主义与之存在不同，殖民主义意味着对其整个民族的掠夺与侵占，通过占领、劝服、共同生活等制度直接介入殖民地人民当中，包括对其土地、资源、劳动力、文化结构的掌控，殖民者与被殖民者在当地进行不断地斗争与反抗。部分学者将

---

① 列宁：《帝国主义是资本主义的最高阶段》，人民出版社，2020年版，第87页。

二者相比较，得到的结论是帝国主义具有更强大的政治力量，帝国主义引导着殖民主义的具体行动。①帝国主义更像是一个对于经济、政治等领域进行控制的世界体系，或者说是一种现象和一个掌控世界的企图和过程，而殖民主义是殖民者在被殖民者国度进行的掌控结果。因此我们可以理解为帝国主义是权力的源泉与中心，殖民地是帝国主义权力输出与实施的具体场所。帝国主义权力行使的过程中不需要依靠殖民作为具体的落地点，帝国主义无形中就可以发挥自身的力量，但是殖民主义必须通过真正的殖民行为才能得到其企图的结果。后殖民主义在殖民主义的基础上增加了一个"后"字，后字可以代表着占有的结束，暗示着独立与解放。后殖民主义理论主要针对文化领域，对潜藏的殖民主义意识形态进行揭露和批判，主要的研究对象包括对东方主义与文化帝国主义的批判、文化身份研究、殖民者与被殖民者的话语分析、第三世界妇女的研究、文学批评等。

在此基础上，帝国主义的概念经历着不断的扩展和转型，除了以美国为首的"文化帝国主义"之外，西方学界还提出了"生态帝国主义"的概念。生态帝国主义被认为是一个伴随帝国主义与殖民主义而生，最终会让人类与整个世界覆灭的问题。生态帝国主义是指殖民者通过占有与掠夺来改变被殖民者的环境，其影响不仅在文化、政治和社会结构，还对被殖民者的生态环境和传统的生存模式进行了改变甚至摧毁。殖民者带来的动植物及其所携带的微生物对当地生态产生了破坏。例如，欧洲殖民者改变了传统的沙漠耕作模式，坚持不变地种植经济作物，导致了撒哈拉沙漠周边地区的持续饥荒。由此可见生态帝国主义的消极作用与影响是非常巨大的，帝国主义不断地改变其实施的方式方法，试图采

①Stephen Slemon.Post-colonial critical theories,Postcolonial discourses:an anthology,2001.

取各种手段实现掌控世界的企图，无论其外表如何的光鲜亮丽，其内核对于人类社会来说都是一场灾难。总的来说，当代学术领域所提及的帝国主义大部分指的是欧洲、美国等西方资本主义国家在整个世界所进行的经济、政治、军事和文化侵略，试图消除地方本土化的文明，从而掌控整个世界的发展脉络。

2　殖民主义、新殖民主义与后殖民主义

殖民主义、新殖民主义与后殖民主义这三个概念具有非常明显的联系，从词语上可以看到它们在时间上存在的顺承关系。在早期西方帝国主义国家开始对其他国家进行军事侵略、属地占领等行为时，殖民主义时期开始了。随着时间的推移，第二次世界大战后，民族独立运动在整个世界范围内兴起，非西方国家开始谋求解放与独立，西方帝国主义国家开始用政治制裁、经济剥削等方式来统治其他国家，代表着新殖民主义时期开始。20世纪70年代，西方帝国主义国家发现了文化对于侵略与控制非西方国家的重要作用，开始以文化输出、意识形态控制等方式来灌输西方文化与西方价值体系，试图通过文化侵蚀来掌控非西方国家的命运，这是后殖民主义时期的显著标志。

除了时间上的顺承关系之外，这三个概念还具有各自明确的特征。殖民主义指西方资本主义国家在资本原始积累时期所进行的侵略与扩张。殖民者使用经济、政治、军事等手段使落后国家成为其殖民地、半殖民地或附属国。殖民主义的主要表现是海外移民、海盗式抢劫、奴隶贩卖、资本输出、商品倾销和原料掠夺等。[1]随着第二次世界大战的爆

---

[1]中国社会科学院语言研究所词典编辑室编：《现代汉语词典（修订本）》，商务印书馆，1998年版，第1617页。

发，殖民地人民开始觉醒，无论是思想上还是实践上都开始试图摆脱帝国主义的掌控，举起民族独立与解放的旗帜，经过艰难的反抗与斗争取得了胜利。然而胜利的一方并没有得到真正的独立，原殖民地国家在经济、政治、文化、教育等领域并没有获得完全的独立自主，也不代表着原殖民地成为一个完全独立的国家。宗主国在这个时期没有放弃对原殖民地国家的掌控，并企图继续对其进行控制与侵略，让原殖民地国家依附于自己，保护自己的最大利益，维持原有的不平等关系。在这样的条件下，新殖民主义产生了，新殖民主义是殖民主义在新的历史背景下的延续。① "新殖民主义"概念是由加纳独立后的第一任总统恩克鲁玛首次提出的，恩克鲁玛指出新殖民主义已经可以起到替代殖民主义的作用了，新殖民主义已经成为帝国主义的主要工具，原殖民地国家虽然已经独立但是徒有国家主权的外壳，实际上完全属于新殖民主义的掌控，原殖民地国家的经济、政治等领域都是在外力的支配下运行的。第二次世界大战后，新殖民主义成为代表着先进生产力的西方国家对非西方国家进行的侵略和统治。由于民族解放运动的抨击，血腥暴力和霸道强权已经成为国际社会所摒弃的方式，西方发达国家必须要进行改变，从殖民统治的陈旧策略更改为更隐蔽的、间接的殖民侵略手段。西方国家将其先进生产力与经济优势充分利用起来，对非西方国家采取政治、经济、文化等层面的侵略。它们仍然将已取得政治独立的国家置于其统治范围内，促使这些国家继续为其提供其商品市场、原料产地和投资场所，以便于最大限度地从这些国家身上榨取财富，其中国家政权和跨国公司是新殖民主义侵略渗透的两大支柱。虽然新殖民主义的侵略具有隐蔽且强大的特点，但已经独立的原殖民地国家仍在不断寻求发展，并对资本主

---

①张立波：《后现代境遇中的马克思主义》，民族出版社，2002年版，第234页。

义国家的侵略持续进行反抗。在这种情况下，新殖民主义逐渐受到遏制。随着苏东剧变和冷战的结束，美国成为全球唯一的超级大国。美国及其盟友国家开始将目光投向其他国家，新殖民主义的浪潮重新兴起。新殖民主义可以泛指宗主国通过一切方法对原殖民地国家的掌控，这不仅包括宗主国使用的一切政策和手段，还包括原殖民地国家独立后登上政治舞台的掌权者对于当地人民利益的忽视和对宗主国的奉承与谄媚。殖民主义和新殖民主义都是资本主义的产物和表现，只是二者所处的时间与背景不同，但都展现了帝国主义国家赤裸裸的侵略与奴役。可以说殖民主义是直接进行的殖民统治，而新殖民主义是间接的殖民统治，当原殖民地国家独立后进行一系列的不可见的方式对其进行继续的侵略与掌控，最后达到控制与干涉其国家的目的。但是二者的手段与方式并没有明确的界限，新殖民主义在特定的情形下也会使用军事、武力等手段来进行入侵与掠夺。与殖民主义和新殖民主义相比，后殖民主义更强调文化层面的问题。

殖民主义虽然结束了，原殖民地国家获得了解放与独立，但是原殖民地国家的人民并没有走进一个真正自由的世界，反而是一个牢笼，称作"新殖民世界"。真正的殖民只是形式上结束了，他们所处的真实的世界仍旧被资本主义强国控制，被国际货币基金组织、世界贸易组织等机构控制。[1]对于新殖民主义与后殖民主义来说，二者不一定是互相冲突、不可兼容的两个概念。新殖民主义的行径从未消失，在当代可以说仍然存在，后殖民理论可以对其进行分析和批判。新殖民主义概念所涉及范围更加广泛，而后殖民主义、后殖民批评则主要着眼于文化层面。在20世纪中叶，关于新殖民主义的研究与批判主要专注于政治、军事和

---

①霍米·巴巴：《后殖民主义、身份认同和少数人化——霍米·巴巴访谈录》，《外国文学》，2002年第6期。

经济上的冲突对立；而到了20世纪70年代，新兴起的后殖民主义理论则主要聚焦于文化领域，揭示和批判隐藏的殖民主义意识形态。

3 后现代主义与后殖民主义

从学术思潮的批判逻辑上看，后现代主义到后殖民主义二者之间是联系的、延续的，是在欧洲中心主义与权力话语的背景下所形成的批判性理论。后现代主义与后殖民主义来自于同样的主体身份，拥有同样的鲜明态度与批判对象，但是二者也存在着分歧与质疑。

后现代主义（Postmodernism）是20世纪60年代出现的具有批判西方近现代哲学倾向的思潮。后现代主义源自现代主义，但是又对现代主义提出质疑与批判。后现代主义的代表人物主要包括理查德·罗蒂、雅克·德里达和让·弗朗索瓦·利奥塔。后现代主义批判与解构的对象包括现代化过程中出现的剥夺人的主体性和感觉丰富性、整体性、中心性、同一性等思维方式，也包括西方传统哲学的本质主义、基础主义、在场形而上学与逻各斯中心主义等。[1]后现代主义能够将不同时期具有反传统理论倾向的哲学理论流派都归纳进来，比如后结构主义、西方马克思主义等。后现代主义涉及的学科领域非常广泛，比如建筑学、文学批评、心理分析学、法律学、教育学、社会学、政治学等，各个学科的后现代主义观点自成体系。其中最早出现后现代主义的是哲学和建筑学两个领域，尤其是建筑学的学者由于反对全球性风格缺乏人文关注，引起了建筑领域的创新提升，发展成为独特、多元化的后现代式建筑方案。在哲学学科领域先后出现众多学者对相类似的人文问题进行批判，其中

---

[1]张有奎：《现代性的哲学批判——从马克思生存论角度的分析》，社会科学文献出版社，2005年版，第73页。

法国的解构主义非常突出。解构主义不但解构文本，还对意义、表征和符号等元素进行解构。后现代主义认为文本、表征和符号等元素有着无限多层面的解释可能性，在这样的情况下字面含义和通俗解释需要让位给作者意图和读者反映，比如当男性传统的解释出现时，需要让步于女权主义者和被边缘化的解释者，并且二者试图将其解构，可见后现代主义的反"元解释"和"文本意义"带来了巨大的力量。由于后现代主义的反中心主义和多元价值取向让传统的评判价值标准全然模糊，从而使人们的思想不再拘泥于社会理想、人生意义、国家前途、传统道德等，也使人们对于自我有了更深刻的了解，同时使人们认识到价值的相对性和多元性。后现代主义也舍弃了从普世性层面进行的宏大叙事，而是着眼于地方性、细节性、不可预测性的微小叙事，对传统意义上的判断标准进行质疑，更赞同流动性、多元化、差异化等含义。

20世纪80年代，后现代主义达到了鼎盛时期。后现代主义的缺陷与局限性也在辉煌中更容易被看见与攻击，比如后现代主义对于绝对价值的逃避、概念体系的封闭、坚持怀疑论的态度、对于分裂与破碎的崇尚等。随着后现代主义的局限性逐渐显现，20世纪90年代，后殖民主义作为新的前卫性学术思潮登上了学术领域的舞台，并逐步从舞台边缘向中心走去，开始了后殖民主义的学术运动。后现代主义与后殖民主义持有同样的质疑态度，二者都来自于第三世界的知识分子或批评家，都对文化霸权、文化帝国主义持有强烈的对抗态度，都质疑与批判西方资本主义国家的文化输出与文化侵蚀。从后现代主义到后殖民主义，这两次学术的思潮可以说是联系的、延续的，都是在欧洲中心主义与西方权力话语的背景下所形成的批判性理论。在后现代主义与后殖民主义的联系之下，二者存在着不同的侧重点。从批判对象的角度来看，后现代主义更突出对现代主义的对抗，后殖民主义更突出对原宗主国的批判、对现代西方文化霸权的对抗。后殖民主义理论认为后现代性的非中心化过程并不是纯粹的，实际上是形成了一个新的中心化，后现代性的非中心化是在普遍的后现代理论真理形式前提下形成的，并没有摆脱西方政治文化的控制。后殖民主义批评家洞察到了这种新的西方中心模式，将后现代主义仍然划分到帝国主义的结构中。在后现代主义思潮之下，西方资本主义国家的文化输出与文化侵蚀代替了从前在政治和经济领域的殖民，后殖民主义将对抗西方文化霸权作为其首要目标，由于后现代主义代表着新形式的西方中心模式，所以后现代主义也成为后殖民主义对抗的对象。后殖民主义试图揭露后现代主义虚假的非中心主义，批判其真正的、新形式的西方中心主义，对抗后现代主义所代表的新帝国主义。但是随着研究的深入，部分学者指出后现代主义与后殖民主义在批判上突显出类似的局限性，比如二者批判认知的模糊性、批判主体的含混性等。在后现代主义中，"后"字代表了试图替代陈旧的哲学理论、美学思想和政治策略；但是在后殖民主义中，"后"字暗含了试图超越反殖民主义理论与第三世界的民族斗争。当后殖民主义批评家认为"后现代"是一种新形式的中心主义时，那么"后殖民主义"也无法逃脱这样的判断。虽然后殖民主义理论认同混杂性、多向度时间等概念，试图去中心化，但是后殖民主义理论中的全球性历史依然是以欧洲时间为中心的，这造成了再次中心化的结果。所以对于后殖民主义与后现代主义的比较，虽然在本书前文中论述了后殖民主义对于后现代主义的领先，但是部分学者并不认同二者存在着超越关系，也并不认同后殖民主义优越于后现代主义。

4　全球化与后殖民主义

　　全球化与后殖民主义的关系是复杂的，伴随着资本主义的扩张和殖民主义的侵略，全球化进程不断推进。虽然不能将全球化与帝国主义简单地划分到同一阵营，但是从历史的角度来看，二者的运动呈现出一定的规律，整体扩张趋势是单向的、从强者到弱者的、从中心到周边的。并且全球化与帝国主义在整个世界的扩张趋势并不是自发的，而是由西方资本主义的霸权企图所催生。全球化与后殖民主义之间存在着联系，但同时也存在着对立，需要辩证地看待二者之间的关系。

　　在中古世纪，中国与西方通商贸易，通过输出丝绸和茶叶获得外汇。1877年，德国学者将这条道路取名为丝绸之路，后因奥斯曼帝国崛起，通商贸易受阻，西欧国家纷纷进行海上探险寻找新丝绸之路，史称"地理大发现"，早期的全球化开始了。经过了时间的洗礼和整个世界的变迁，20世纪末至21世纪，全球化成为当下最重要的概念和特征之一，可以说代表了人类社会发展的现象过程。全球化将整个世界压缩至一个整体，通常意义指的是全球国家之间联系不断增强，在政治、经济贸易上互相依存，人类生活在全球规模的基础上发展以及全球意识的崛起。全球化意味着世界由原本众多地域的组合状态逐渐变成单一地域状态；全球化也意味着整个世界的经济循环和文化发展的影响庞大，无论是个人生活还是区域社群都在其影响下发生变化。20世纪80年代，全球化概念逐渐取代了"国际"或"国际关系"等概念；20世纪90年代，随着全球化对人类社会影响层面的扩张，引起了各国政治、教育、社会及文化等学科领域的重视，引发大规模的研究热潮；20世纪末，民族国家的重要性减弱，民族国家被全球化所带来的经济现实影响和制约。随着全球化热潮的不断升温，全球化的红利背后也隐藏着种种局限，关于全球化是一把"双刃剑"的观点不断涌现，比如全球化对于本土文化来说有着不可忽视的弊端，它也会使得本土文化的内涵与自我更新能力逐渐模糊与丧失。尽管学术领域对全球化的评价两极分化，但是从政治的层面分析，全球化的立场绝不是中立。全球化从萌生到扩张的整个运行过程与西方强国的中心主义和话语权力紧密联系，可以说全球性的文化输出是一场预谋，它按照事先所设定的权力结构运行，目的是成为实施帝国主义手段的工具，扮演了宣传、掌控甚至侵略的帝国主义角色。全球化的输出虽然是整个世界范围的，但是其权力和机制仍旧是以西方为中心的，不曾下移或者改变。

将全球化与后殖民主义进行比较，能够看到二者之间存在着区别。后殖民主义是知识分子试图对殖民结束后所处时代的描述，目的是打破欧洲中心主义与西方现代普世论。全球化理论探讨的对象不是在特定历史或地理条件下所形成的种族与社群，而是着眼于整个世界一体化的影响，更深入地研究整个世界的经济、政治、文化等层面的发展对于地方的影响，可以说全球化是一种非地方化理论，全球化代表着地理分界线的模糊甚至消除。全球化所带来的经济增长不仅让自身理论飞速发展，也让后殖民主义的势力增长，让反殖民主义的力量不断扩大，在试图清除霸权的过程中，世界一体化也在不断地完善。后殖民主义通过借助全球性系统拓展其涉猎范围，进行更加全面地叙事，不仅为批判帝国主义增添了力量，也不断地影响着全球系统的结构与发展。在这样的变化中，全球化与后殖民主义相互作用，二者都在不停地改造过去，在改造过去的过程中产生新的理论与力量。全球化与后殖民主义也存在着联系，全球化覆盖了整个世界的权力关系结构，对于全球化的研究能够揭示其背后的权力话语关系，发现其本身就是西方帝国主义的延续，全球化是后殖民主义试图深刻挖掘的对象。全球化在发展过程中受到了地方群体的争议，这与后殖民主义对于帝国主义力量的批判与对抗有相似之处。第二次世界大战后，帝国主义开启了面向全球的输出行为，从经济到文化的各个层面进行越权行为。帝国主义与全球化呈现出相同的规律，二者都存在于西方资本主义霸权的推动下。从这个角度来看，全球化与殖民主义也存在着联系，这成为后续后殖民主义理论研究的课题。但是，经过全球化不断地更新与发展，让整个世界成为共同体，带给了国家间巨大的贸易与合作空间，文化的跨越与相互融合增进了人类文明的进步。在这样的现实下，我们不能简单地将全球化与帝国主义或殖民主义划分，也不能片面地将后殖民主义作为其对立的观点，只能辩证地看待二者之间的关系，在全球化理论与后殖民主义理论的启发下探寻自身发展的光明道路。

小　结

综上所述，当代文化思潮是不断发展和变化的。现代化思潮、后殖民主义思潮和全球化思潮在其中应运而生，拥有着特定的历史背景和思想特征。①本章重点对当代文化思潮下十分具有代表性的后殖民主义思潮进行解读，论述了后殖民主义思潮的兴起与发展，梳理了后殖民主义思潮的基本逻辑与框架。在对后殖民主义的发展过程有了明晰的认知后，本章探究了葛兰西的文化霸权理论与福柯的权力话语理论对后殖民主义研究提供的理论支撑，以及德里达的解构主义在方法论上为其带来的重要启迪。最后将后殖民主义放入整个当代文化思潮的社会历史背景下，

---

① 洪晓楠，邱金英：《当代文化帝国主义思潮研究》，人民出版社，2018年版，第56页。

对不同学术思潮所产生的重要概念进行解析。通过概念的解析与对比，我们能够认知后殖民主义思潮的重要特征。首先，后殖民主义反对主人叙事与中心主义，主张客观研究。其次，后殖民主义反对文化帝国主义，主张文化多元主义。再次，后殖民主义否定基础主义，主张解构主义。最后，后殖民主义认同民族性，主张由民族性发展到主体性。通过对后殖民主义特征的论述，有助于我们真正地认知与理解当代文化思潮的内涵。

第二章　爱德华·萨义德的文化批判理论

爱德华·萨义德于1935年11月1日出生在耶路撒冷，耶路撒冷是犹太教、基督教和伊斯兰教的发源地。萨义德在埃及首都开罗长大，曾在开罗的美国子弟学校和英国精英公立学校读书，接受殖民式教育。萨义德的父亲是中东著名的文具商，父亲对他的要求极其严格。萨义德在回忆录《格格不入》中提及青年时期的他非常调皮，经常通过阅读文学作品和聆听BBC播送的古典音乐来逃避现实。1951年，萨义德的父母将他送到了美国马萨诸塞州著名的赫蒙山寄宿学校。在美国学习期间，萨义德的聪明才智开始显露，他掌握了数门语言，钢琴达到了演奏级别。此后，萨义德在普林斯顿大学获得学士学位，在哈佛大学获得硕士与博士学位。1963年，萨义德在纽约的哥伦比亚大学任教，开始了他充满挑战的学术生涯。[1]1967年的中东战争是萨义德人生的转折点，巴以冲突的爆发改变了他的一生。这场战争让萨义德发现自己处在一个对阿拉伯人、阿拉伯观念和阿拉伯民族充满敌意的环境之中，他也从一个受人敬重的学者变成了一个被抨击的目标，这让萨义德明白他要正视自己立场的矛盾了。在中东战争之前，萨义德的学术与政治分属于两个截然不同的领域；中东战争之

---

[1]胡经之主编：《西方文艺理论名著教程（下册）》，北京大学出版社，2003年版，第613页。

后，二者合而为一。在中东战争之前，萨义德是专注于研究与教学的学院人士；而在中东战争之后，萨义德开始关注学术与政治的相关性，并将他的经验反映在作品之中，写出了著名的中东三部曲——《东方学》《采访伊斯兰》和《巴勒斯坦问题》。在学术上，萨义德是杰出的学者，是后殖民理论的重要奠基者之一。在公共领域中，萨义德是美国当代少数具有批判意识的著名公共知识分子，也是巴勒斯坦甚至中东在西方的主要代言人，被誉为"巴勒斯坦之音"。①1991年，萨义德在身体检查时发现罹患慢性淋巴性白血病，虽然恶疾缠身，他依然凭借顽强的意志力坚持教学与演讲，并推出新作。2003年9月25日，萨义德在与疾病斗争多年后，于美国纽约与世长辞，骨灰按照他的遗愿葬于黎巴嫩，以示回归阿拉伯故土。萨义德逝世距今已经20余年，但是有关他的报道以及引述仍然不断地出现在学术界与媒体上，足以见得萨义德的思想经得起时间的考验，让我们看到他的理论与当今世界的相关性，带给我们关怀与启示。

萨义德的《东方学》被认为是后殖民主义理论的开创性著作，在此著作出版后的大部分关于后殖民主义问题的研究都将其当作研究的起点。萨义德的《东方学》开辟了一个新的学术领域——殖民话语，也可以称作殖民话语理论或殖民话语分析。②殖民话语理论是分析殖民主义和殖民化话语的理论，它向我们揭露了殖民者是如何将政治与经济目标隐藏起来的，揭露了殖民者与被殖民者之间深层的矛盾。后殖民话语理论主要研究当殖民结束时，原宗主国对于被殖民社会的文化与政治影响和被殖民社会对此的回应。萨义德认为，所谓的"东方学"的实质是霸权的意识形态，根本目的是强化西方对东方的统治，"东方学"是帝国主

---

①李意：《爱德华·萨义德：以人文介入政治》，《阿拉伯世界研究》，2009年第5期。
②李应志，罗钢：《后殖民主义：人物与思想》，北京师范大学出版社，2015年版，第134页。

义和殖民主义的组成部分，它与政治和经济共谋，最终实施了侵略与霸权。①萨义德在著作《文化与帝国主义》中继续深化这一主旨，通过对文化作品的剖析，揭示了欧洲文化与帝国主义共谋的关系，指出了欧洲文化帝国主义的本质。在《文化与帝国主义》中萨义德突出了被殖民者对于文化帝国主义的抵抗和他所认同的多元文化观。一方面，萨义德批判了文化帝国主义的霸权与侵蚀；另一方面，萨义德同样否认了对民族主义采取偏激称颂的一种纯粹文化，萨义德认为二者皆是基于二元对立的本质主义思维方式，真正的文化关系应该是彼此兼容的。萨义德认为存在于第一世界的第三世界知识分子是文化观的实践者，他们的身份具有双重的特点，一方面他们熟悉西方的语言，掌握西方的理论模式与判断标准；另一方面他们有着明确的抵抗精神，对于文化帝国主义持有批判的态度。当这样双重的身份结合于一身时，知识分子，尤其是第三世界的精英知识分子身负了批判文化帝国主义的使命，利用跨越边界和双重视角的优势可以将这场斗争从边缘推至中心的位置。

本章将对萨义德后殖民主义理论进行系统论述，梳理萨义德后殖民主义理论的具体表征和发展脉络，从整体的视角分析萨义德后殖民主义理论的内在逻辑，在此基础上进一步分析这一思想的学术渊源及实践途径。通过本章的论述，试图对萨义德的思想理论整体性进行补充，从而更全面地理解萨义德后殖民主义理论。

---

① 巴特·穆尔-吉尔伯特：《后殖民理论——语境 实践 政治》，陈仲丹译，南京大学出版社，2001年版，第43页。

第一节　东方主义思想

　　萨义德的《东方学》出版于1978年，被誉为是萨义德最著名的作品，一经推出就引起了无数的争论。萨义德通过《东方学》展现了其原创性视角和坚定的批判信念，改变了当代学者对于全球文化关系和文化建构的思考方式。《东方学》①全书分为三个部分，第一部分萨义德论述了东方学是一门广泛且无形的学科，是一种存在了两个多世纪一直到今天依然在持续的话语。在这一部分萨义德主要考察的是再现的问题，他论述了"东方的专制主义、东方的性感、东方的生产方式、东方的辉煌"之类的观念具有相似性。第二部分萨义德论述了东方学的结构和重构，让我们看到了19世纪的学者是如何在文本上构建和控制东方的。对东方的构建和展现无时无刻不在为殖民主义服务，殖民主义利用这种对东方的构建和展现来建立一个霸权的统治。第三部分萨义德开始审视现代的东方学，让我们看到了美国是如何接受并改造英法东方学已经确立的内容的，以及东方学在美国外交政策中的表现。萨义德认为东方学的本质在于：当你认识"某个物品"时，你就拥有了对它的权力，当你拥有了对它的权力时，你就可以从自己的角度来认识它，也可以从自己的角度来认识世界。当"某个物品"指的是我们世界上的一个地区，这个地区上存在着多种民族、文化和语言，这个时候分析知识与权力关系就变得至关重要了。

①爱德华·萨义德：《东方学》，王宇根译，生活·读书·新知三联书店，2022年版。

1　东方主义的理论根基：在世性

作为一名来自第三世界的精英知识分子，在萨义德身上一直存在着独特的矛盾性。萨义德拥有着东方人的传统与习惯，但是却一直接受着西方的精英教育，在哈佛大学博士毕业后留在哥伦比亚大学任教。身份的矛盾性让萨义德对在世性有着深刻的体会与感悟。在世性是一种对文本和批评家的观点，是萨义德所有文化分析和理论的根基，也是促使萨义德介入文化与政治的动力来源。

1.1　文本的在世性

法国结构主义理论家罗兰·巴特[①]在语言学领域发展的基础上，用"文本"这个概念来解释文学作品形成的过程。罗兰·巴特认为成文的文本是由一根横向的线和一根纵向的线编织而成。横线称为"横向组合轴"，是句子中词汇的线性安排；纵线称为"纵向聚合轴"，是可用词的范围。结构主义认为文本是从其社会与文化的"纵向聚合"中可用的各种各样的元素中构建出来的结构，作者本身是语言的一种功能。而后结构主义认为文本绝非单纯的结构，世界与文本之间不存在差异，世界本身就是文本建构起来的。

萨义德是最早对美国公众诠释相关理论的学者之一，萨义德认为文本具有在世性，文本起源于世界，文本被认属于世界。萨义德所提及的"文

---

①罗兰·巴特是20世纪法国学者和思想家，被认为是萨特之后法国知识界的领袖人物。代表作包括《S/Z》《恋人絮语》《神话修辞术》《流行体系》《文之悦》《批评与真实》，其著作对于后现代主义思想的发展具有重大影响，影响所至包括结构主义、符号学、存在主义、马克思主义和后结构主义。

本"一般指写作的文本，"在世性"我们可以理解为"处于世界中"，那么文本的在世性的含义便是文本是处在物质世界中的实践。"简言之，文本是在世界中的，因而也就是在世的。"文本有一个物质的存在，有一个文化的和社会的历史，有一个政治、经济的存在，还有一系列的与其他文本隐含的关联。德国哲学家弗里德里希·尼采说："文本从根本上说是权力造成的事实，而不是民主交流的结果。"如果我们只把文本当作一个横向组合与纵向聚合的结构来对待的话，就会让作为一个文化产物和文化实践的文本脱离与权力的关系，而文本本身就是在权力关系中生产出来的。

文本的在世性具有两个特征，即"原属"与"认属"。原属与认属这两个特征的二元对立说明了批判解读的不同可能性。萨义德认为原属指的是自然的血统，是遗产或者出身；认属指的是通过文化来实现的、认同的过程。萨义德把认属当作一个普遍的批判原则来提倡，它让我们注意到生成文本的世界。原属像一个乌托邦世界的存在，在这个世界文本有序地、同质地、无缝地与其他文本联系。认属是一个文本与其他文本相区别的特质，比如"作家的地位、出版的条件、传播和接受、被援引的价值、被假定的价值与观念、人们心照不宣地一致认可的假设的框架、被预设的背景，等等"。文本的认属特征指引着我们去关注和思考它的在世性，比如文本发生的时间、地点、背景，文本发生的原因与结果，等等。萨义德指出认属的领域就是帝国主义霸权控制操作的领域，认属的网络联结被殖民社会和帝国主义，尤其在帝国主义文化控制的领域非常明显。

1.2 批评家的在世性

在文本的在世性基础上，萨义德提出了批评家的在世性。当代学术理论的结构主义革命影响了文本的解读，也影响了批评家的功能。结构主义革命带来了一种热潮，让知识分子热衷于用最复杂的语言来谈论理论。萨义德认为，当我们忽视文本的在世性而把它当作惰性的结构来对待时，批评家便会脱离世界并且只与最专业的读者发生联系。萨义德的一生都在履行批评家和公共知识分子的职责，他认为知识分子论述的一切内容都无法免除在世性，因为知识分子论述的观点来自于他所处的世界，向他所面对的世界输出。但是萨义德的在世性也就是他自己所处于世界的位置是矛盾的，造成他的职业生涯的特征也充满了大量的矛盾。萨义德认为批评家正在逐渐专业化，逐渐成为学院式批评，逐渐远离了当代社会的政治现实。批评家们如果放弃了在世性，就是放弃了他们所代表的当代人，晦涩难懂的语言会将当代人或者大部分人边缘化，人们自身也会不断地意识到这一点。批评家们需要拒绝被限制在狭隘的专业化陷阱里，放弃生产艰涩的语言，不能只与专业的专家对话，不能屈服于一种为经济专家和技术专家所支配的话语。

萨义德认为批评家对专业的专长的崇拜，会让他们陷入专业化的陷阱，逐渐走向当代社会迫切的政治关注的边缘。基于这样的问题，萨义德提出了一种被称之为"世俗的批评"的批评形式，他主张批评家要保持广泛的兴趣与人文关怀，要走进实际的社会，避免深奥的专业化，避免智识工作退出真正的社会。萨义德支持世俗的三位一体，分别是世界、文本和批评家。萨义德反对理论的和狭隘专业化的批评，提倡本色批评。本色的批评代表着对总体的概念表示怀疑，对具体的对象不满，对行业、专业兴趣、帝国化的封地质疑。①批评应该是与我们所处的世界密切相关，并存在于世界的再现过程的。

---

①赵建红：《第五种批评形式：萨义德的"世俗批评"》，《外国文学》，2008年第2期。

萨义德一直努力地试图输出一种能够进入我们政治与社会生活的、具有真实物质基础的批评。萨义德的批评跨越了学术文本与新闻文本之间、职业论述与公共论述之间以及各类专业化职业化之间的边界。批评对于萨义德来说是至关重要的，知识分子的社会与人文关怀通过批评来展现，知识分子应该使用批评这一功能，知识分子应该努力去争取表达的自由。

1.3　萨义德《东方学》的在世性

总的来说，在世性是一种对文本和批评家的观点，是萨义德所有文化分析和理论的根基，也是促使萨义德介入文化与政治的动力来源。萨义德本人的在世性在《东方学》中得到了充分的展现。《东方学》是他最有代表性的著作之一，是一部毫不掩饰的政治作品。《东方学》研究的对象不是东方学科，主要的内容不是叙述东方学的历史，而是从一个"东方人"的视角来分析文化帝国主义在东方的实施。萨义德身份上独特的矛盾性让他输出的关于东方学的观点尤其深刻，让他对于文化帝国主义有着亲身经历的感触。萨义德的身份也是作品《东方学》的在世性的来源，《东方学》出自一个阿拉伯巴勒斯坦人在西方的真实生活，萨义德深受在世性也就是他处于这个世界的位置这一信念影响，并且这个信念贯穿萨义德的学术生涯。

2　东方主义的批判对象：东方学

萨义德认为东方学是一种定义和定位欧洲他者的方式，定义的过程中将东方与西方二者区分。萨义德对于东方学的论述不但揭示了其中独特的政治维度，还证明了其中凸显的帝国主义明显特征。东方学的话语在今天依然存在，东方学的话语成为西方认识东方的框架和内容，依然决定着以中东地区为代表的东方再现。

2.1　东方学的起源

东方学的起源可以追溯到18世纪80年代。1786年，孟加拉国高等法院法官、梵文学者威廉·琼斯在一次对孟加拉国亚细亚学会致辞时发表了关于梵语地位的看法，他认为梵语比希腊语和拉丁语更精致，梵语的词根和语法形式又与希腊语和拉丁语极为相似，相信这三门语言可能源于某个共同的来源。①琼斯的这个观点引发了整个欧洲对印度研究的热潮，学者们开始去找寻深藏在梵语世界的欧洲语言起源。在印度热潮过后的一个世纪里，欧洲学者致力于对东方和印欧语系的研究，希望能找寻到欧洲文明的根源。印欧语系的研究引发了一系列连锁反应，从语言的研究逐步演变成对种族起源与发展的研究。在这样的背景下，东方学兴起。

从1815年到1914年，东方学的研究成果与日俱增，从时间维度来看，这段时间与欧洲空前的扩张时期相吻合。1798年拿破仑对埃及的入侵，展现了一种更强大的文化对另一种文化的占有，萨义德看到了19世纪东方学的飞速发展和欧洲帝国主义扩张之间的联系。拿破仑利用一切法国学者搜集的可用的关于伊斯兰的知识去试图说服埃及人他是为伊斯兰而斗争的，拿破仑的计划让我们看到了知识和政治之间有意识的结合，他的策略向我们展示了文化战略的力量。拿破仑在离开埃及后对

---

① 梁锦祥：《语言学研究的通用方法》，广东科技出版社，1995年版，第52页。

副官雷贝尔进行了严格的指示，要求他永远要通过东方学家和可以争取到的伊斯兰宗教领袖来管理埃及。拿破仑对埃及的这次远征带来了巨大的影响，带给了世界对待东方的经验，让世界看到了在殖民地建立话语是如此的重要。

2.2　东方学的定义

通过对东方学的起源与发展的研究，萨义德提出了有关东方学定义的观点，他认为东方学是一种定义和定位欧洲的他者的方式。东方学与欧洲本身密切相关，其中对民族特性、种族和语言的论证为核心。东方学的论证有一个重要前提，那就是欧洲文明的优越性和重要性是不容置疑的，西方文明是历史发展的顶点。在这样的前提下，才能对东方的语言、历史和文化进行详尽的考察与细致的研究。东方学描述了不同种类的学科、制度和思想形式等内容，这些内容都属于对欧洲的他者的再现，而这些再现是被制度化的、被西方的文化支配的。这种对欧洲的他者的再现证明了知识与权力之间的关联，再现东方的过程也构建了、支配了东方。

法国文学家和历史学家欧内斯特·勒南说："每个人，无论多么不熟悉我们时代的事务，都会清楚地看到，实际上，信穆罕默德教的国家是低劣的。"[1]这样主观臆断的话语毫无理据地对他者进行攻击，背后隐藏着帝国主义可悲的自信。东方学观点的输出实际上是在猜测和假设的基础上对东方进行的编造。在这样的东方学里，优越的欧洲代表着秩序和理性，而欧洲的他者代表着无序、原始和非理性。欧洲的认识通过持续在东方学的话语里去构建东方、构建欧洲的他者来控制其帝国主义霸权。

---

[1]比尔·阿什克洛夫，帕尔·阿卢瓦利亚：《导读萨义德》，王立秋译，重庆大学出版社，2020年版，第61页。

萨义德认为东方学是文化支配机制最深刻的例子之一，展现了帝国主义的霸权。萨义德的著作《东方学》论证了西方在东方学话语中认识东方，在认识东方的过程中建构了东方、支配了东方。

在此基础上，萨义德认为东方学是一张关于东方再现的复杂网络，东方学至少包含以下三种含义：一门学术学科、一种思想风格和一种与东方打交道的全套的制度。当东方学作为一门学科时，它是在18世纪晚期出现的。东方学更像是一个知识与信息的档案库，有了这个档案库，西方才能持续地对东方进行再现，并不断地强化这种再现。人们通过这个档案库进入了所谓的东方，开始了对东方的学习、发现和实践。当东方学作为一种思想风格时，它基于一种本体论和认识论，在此基础上区分了东方和西方。当东方学作为一整套的制度时，它展示了作为一个支配和构建东方结构的无定形的能力。无论东方学作为哪一种身份出现，它与帝国主义都是密不可分的。在这三种含义之中，前两种含义体现了对东方文本的创造，第三种含义说明了东方学是怎样被西方利用来行使对东方的权威。这三种含义相互联系、相互依赖，当东方学作为一种制度时，需要依靠在文本上建立的东方来完成，而文本上的东方，出自对东方学的认识与想象。

2.3 东方学的内在逻辑

萨义德认为对东方学论证的核心是知识与权力的联系。最有代表性的案例之一是1910年英国首相阿瑟·贝尔福对于英国占领埃及事件的辩护。贝尔福宣布：“我们比了解其他国家的文明更了解埃及的文明。”[1]贝

---

[1] 爱德华·萨义德：《东方学》，王宇根译，生活·读书·新知三联书店，2022年版，第40页。

尔福的宣告让人们看到了知识和权力之间的联系。因为英国了解埃及，知道埃及的文明，所以埃及就一定是英国所认识的样子。在英国的认识里，埃及不可能自我管理，埃及需要英国的支配，所以英国通过占领埃及肯定了这一点。对于埃及人来说，英国占领的埃及，英国支配与管理的埃及就是埃及的样子，所以英国的占领变成了当代埃及文明的基础，知识与权力就在这样的逻辑下携手并进。但是，这样的逻辑论证只让我们看到了东方学是帝国主义与殖民统治的合理化解释，我们还需要看到殖民主义事先就已经在东方学中得到了正名。

整个世界的东西方之分，让二者成为完全的对立，二者之中有一方有权力去决定究竟什么是东方、什么是西方，东西方的现实究竟是什么样子。萨义德认为"东方化"出现在"想象的地理学"中，东方这个概念的界定是为了定义欧洲的范畴。关于地理学的想象是构建东方实体的核心，东方与西方在地理上存在着一条明确的界线，这条界线与其说是自然的事实，不如说是人为的生产。这条严格的界线区分了东方与西方，让东方和西方有一线之分。众多作家、旅行家、士兵、政治家的经验塑造了东方，即关于东方的经验让大家看到了东方与西方的差异，这些差异帮助了西方确立自己所认同的二元对立。想象的地理学向western用以描述东方的一套词汇和一种再现性的话语赋予了合法性，这合法性的词汇和话语成为人们认识东方的唯一方式。在这样的环境下，东方学变成了"彻底的现实主义"的一种形式，通过这样的形式，东方的某一个特性被一个固定的词所代表，这个词将慢慢地被认为获得了现实，或者这个词本身就是现实。通过这样的过程，西方具有了使这个地区"东方化"的能力。

东方和西方的划分是一个构建他者的过程，这样的构建以东方和西方的差异为前提，在这样的差异下，东方成为他者，他者化的过程就是西方使东方"东方化"的过程。关于东方的知识就是从这样的文化中生成的，这样的文化创造了东方，创造了东方人，创造了东方的世界。萨义德认为，东方和东方人是欧洲人借助东方学中的各种学科而构建出来的。构建东方的过程让我们看到了一个独特的政治维度，让我们看到了帝国主义的明显特征。

3　东方主义的本质：话语霸权

话语是一个由陈述组成的系统，人们通过话语来认识世界。话语不是传统意义上的语言，而是一个界限严明的社会知识领域。世界通过话语而形成，在话语中有作者与读者，有诉说者与聆听者，在话语中人们形成了关系，并理解自己在世界的位置。殖民话语与后殖民话语是两种文本类型，这两种类型的文本通过不同的表达体现了欧洲殖民主义与被殖民者之间的矛盾。法农分析了被殖民的民族身上被欧洲殖民者施加的最深的伤害与侵蚀，后殖民话语将法农的理论进行了延伸，成为一种对殖民话语的书面回复。殖民话语是一种否定性的话语，而后殖民话语是一种挑战性和对抗性的话语，将后殖民话语与殖民话语进行比较之后，我们可以发现差异性话语。比如萨义德在著作《文化与帝国主义》①中比较了一位殖民的法国作家与一位被殖民的埃及作家的著作，在拿破仑征服的时代，这两位作家对于他们各自体验到的情况有非常不同的观点和理解。再比如在殖民话语中，非欧洲人被描述为欧洲文明的"他者"，这种话语是欧洲权力意志的产品，通过将被殖民者变成自身的"他者"来凸显自身的文明与先进。当殖民话语和后殖民话语这两种文本描述同

---

① 爱德华·萨义德：《文化与帝国主义》，李琨译，生活·读书·新知三联书店，2021年版。

一事件时，可以通过不同的体验进行区分，一种是殖民视角，另一种是被殖民者视角，被殖民者的文本话语显示了反帝国主义文化的意图。

在后殖民主义理论中，福柯的权力话语理论是非常重要的理论渊源。福柯主要从历史发展的维度，关注知识与权力的关系，致力于研究权力如何通过话语表现出来，权力如何配合各种规训的手段渗透到社会的各个细节中去。福柯探索了社会内部的权力模型及其变形，研究了权力与自我的关联方式。福柯认为权力存在于一切策略中，但不能把这些策略简化为国家或者统治阶级。权力不只是强制性的，权力也是生产性的，尤其是权力能够生产知识。①权力不只是由支配地位的人或者制度来行使的，而是弥漫于整个社会之中，所以权力不仅仅是统治阶级的手段，还隐藏着潜移默化的力量。

在福柯的权力话语理论基础上，萨义德认为可以将东方学看作一种话语，它是权力和知识的表现。如果不将东方学当作一种话语来研究，就无法理解欧洲文化在政治、社会和军事等领域管理甚至生产出有关东方的系统规训。东方学作为一种话语，被赋予了学院、制度和政府的权威，这个权威让东方学话语提升到重要的层次上，东方学话语因此获得了重要性和特权，被认为可以与真理画上等号。面对这样的"真理"，被殖民者会在东方学的话语中审视自己，被殖民者的意识中会被创造一个深刻的矛盾，因为这种"真理"与其他关于世界的知识是冲突的。比如说非洲人慢慢地接受了帝国主义对他们的偏见，非洲人认为自己更偏向于直觉与感性，而欧洲人是理性的、非感性的，自己与欧洲人存在着不同。

权力与东方话语息息相关，也可以说权力与对东方的话语构建息

①夏和国：《福柯的权力思想探究》，《理论月刊》，2012年第10期。

息相关。在东方学中，西方与东方的权力优势是显然存在的，西方的权力优势要高于东方。为了实现这样的权力差异，西方试图将东方人构建成为"臣属种族"或"东方人"，这样的身份使西方对东方的管理更加容易，也使西方从东方获得利益更加容易。在这样的话语构建下，知识带来了权力，更多的权力要求更多的知识，整个过程形成循环。被构建的东方学知识又建构了一个服从于西方管理与支配的东方和东方人的意象，东方学的知识由权力的力量生成，可以说也生成了一个东方，生成了东方人。因此，我们能够发现对东方的研究是从一个西方人或西方的视角出发的，对东方的建构让东方的文化被认定为一种偏差，让东方处于一个低劣的地位。

东方学话语的本质特征是物化东方和东方人。东方和东方人被当作一个物品，可以被观察、被审视和被理解。东方的历史是静止的、不变的研究对象，东方人是被动的、无参与的研究对象。但是事实并非如此，东方是动态的、活跃的、主动的。在东方话语输出的过程中，东方的知识不断地与政治联系。知识与政治的联系不只是学术知识被政治和军事力量沾染，而是在对知识的追求与输出的过程中，看似是中立的道德的态度实际上充满了帝国主义的霸权的意识形态。萨义德说："人文学科的知识生产永远不可能忽视或否认作为人类社会之一员的生产者与其自身生活环境之间的联系。"①知识是一个再现的过程，再现的过程中永远无法避免再现者的意识形态影响，这些意识形态通过再现输出为具体的形式。再现的背后充满了权力，是一种极具穿透力但不可见的权力。萨义德试图挖掘出东方学中隐藏的政治作用，展现出东方学家如何让沉默的东方说出"现实"。文本不但能够

---

① 爱德华·萨义德：《东方学》，王宇根译，生活·读书·新知三联书店，2022年版，第15页。

创造知识，还能够创造出知识所描述的现实。我们不只要看到政治、经济和军事力量中的不平衡，还要看到文化中的不平衡，文化话语中存在帝国主义霸权。萨义德对东方学的研究就是希望我们在文化领域中能够看清并识别东方学中的帝国主义意识形态，抵抗东方学中的文化霸权。在东方学的最新阶段，我们能看到美国逐渐取代英法两国在世界舞台的位置，权力的中心发生了转移，东方学的策略也相应地发生了变化。

4　东方主义的评价与回应

萨义德《东方学》的问世激起了学术界此起彼伏的声音，直到今天还依然在持续地引发来自不同领域的评价，这些评价证明了萨义德东方主义思想所带来的广泛影响。在这部分评价中，有赞赏也有批判。鉴于萨义德本人以及著作《东方学》在后殖民主义理论领域甚至是文化批判与建构理论领域已经获得的地位，关于赞颂的评价在本节中将不再赘述，本节将针对学术界对萨义德以及其东方主义思想的批判进行研究。关于萨义德东方主义思想的批判存在着不同的主题，其中大部分是关于萨义德提出的认同的矛盾性质和再现本身的性质。但是迄今为止，没有一种批判能够坚定不移地声称自己的权威与绝对正确，没有一种批判能够真正地打破萨义德东方主义思想的效力。究其原因可能是《东方学》本身就是对于一些假设的回击与逆写，而很多对于《东方学》的批判却是在这些假设基础上去提出的。萨义德本人与其东方主义思想本身的在世性，是回击这些批判的力量来源。

右翼刊物《评论》的撰稿人爱德华·亚历山大将萨义德比作康德拉小说《秘密特工》中的角色，这个角色是一个迂腐的恐怖的教授，他认为萨义德对现代政治生活的深刻洞察充满了破坏与毁灭。①这种对萨义德以及《东方学》夸张而激烈的批判不仅表现了爱德华·亚历山大对萨义德的歪曲，也代表了美国社会对萨义德本人的强烈敌意和攻击。这样的敌意与攻击反而从某种程度上证明了萨义德的观点正确击中了要害，证明了美国的种族歧视和政治排外是如此的极端并充满歪曲。萨义德作为一个接受高等教育的知识分子都无法逃脱这悲哀的宿命，那么来自东方的普通人民又将如何在美国的阴霾下生活。尽管亚历山大的批判不代表这个世界对萨义德以及《东方学》的普遍态度，但是亚历山大的敌意和攻击证明了文化话语中存在的极端性。

德尼斯·波特和伯纳德·刘易斯对于萨义德的批判来自于东方学和区域研究领域，德尼斯·波特认为萨义德采用的是非历史中的、前后矛盾的叙事，而伯纳德·刘易斯提出了对萨义德最恶毒的攻击之一。萨义德在《东方学》中曾将刘易斯作为一个例子讨论，他认为刘易斯对伊斯兰的研究是当代东方学的代表，刘易斯的研究中充满了侵略性的意识形态，试图在暗处进行反讽，是一种虚薄的温文尔雅。刘易斯对于萨义德的评价给予了恶毒的回应，他认为《东方学》是一个荒谬的、虚假的论题，《东方学》揭露了萨义德的无知。并且刘易斯对萨义德的东方学学科的知识背景与专业资格产生了深深的质疑，他不认为萨义德有资格在学术层面去谈论伊斯兰、阿拉伯以及东方学。②他认为萨义德不是一个学术的代表，而是一个业余主义的失败者。显然刘易斯忽视了萨义德以及《东方学》的在世性，通过对本人的攻击继而否定这个人的所有理论，是狭隘且卑劣的。作为一个有卓识远见的学者应该对不认同的理论采取

①Alexander E.Professor of Terror,Commentary,1989,p.49-50.
②Lewis R.Gendering Orientalism:Race,Femininity and Representation,London and New York:Routledge,1995.

正确的对待方式，试图从逻辑去推倒或者理论的论证去批判也许更具有说服力。萨义德认为学院里的东方研究并不是东方学的全部，学术界的批评总是在试图去缩小争论的领域。东方学的范围之大、涉猎之广牵及着每一个东方人，哪怕是再平凡再渺小的一个普通的东方人，也有权力去表达。

德尼斯·波特认为萨义德在真理与意识形态的问题上存在着矛盾。一方面，萨义德认为东方是一个被构建出来的文本，所有关于东方的知识都在权力的力量下生产出来，所有关于东方的知识都被权力玷污。另一方面，萨义德暗示着可能存在一个我们可以认识的真实的东方，并存在着与真实的东方对应的真理。波特批判的就是这二者之间无法解决的矛盾，也是知识与意识形态之间的矛盾。①那么萨义德究竟是否认同存在一个可以认识的东方呢？如果不存在一个可以认识的东方，那么现有的东方学就是我们所拥有的关于东方的一切。波特认为萨义德所提倡的东方学话语，并不能替代他所批判的东方学。萨义德的论述让我们看到东方学话语本身没有抵抗的能力，更不存在反对文化霸权了。萨义德在歌颂没有落入东方学陷阱的先进知识分子时，并没有办法证明如何在被文化霸权支配的东方学中，创造一种可以替代它的东方学。波特不认同萨义德关于知识分子的批判功能的前提。要让批判产生效果，并不需要提出替代的方案。其实萨义德的"替代方案"隐藏于他对知识分子的关注和他对智识异见的策略讨论中。《东方学》中表达了萨义德的明确观点，再现是否是真实的，不是由其他决定，而是由权力决定。东方学文本中存在的"真理性"要归因于它们在东方学话语中的位置。帝国主义霸权的支配产生了这样的话语，话语的出现使霸权更加稳固，话语对霸

---

① 波特：《东方主义及其问题》，罗钢，刘象愚主编《后殖民主义文化理论》，中国社会科学出版社，1999年版。

权的肯定让话语有成为"真理"的可能。

阿吉兹·阿罕默德在作品《在理论内部：阶级、民族与文学》中对萨义德进行了批判，主要攻击重点是萨义德引用福柯的立场。阿吉兹·阿罕默德认为萨义德是矛盾的，萨义德并没有论述清楚东方学究竟是一个再现的系统还是一个错误再现的系统，萨义德只是证明了再现和错误的再现之间的界限往往很模糊①。但是阿罕默德的批判也没有说明再现和错误的再现之间的界限究竟是什么。萨义德认为所有的再现都是一种错误的再现，一切我们看似真实的再现，都是在政治和文化的权威下的再现，事实的事实性是将事实放在特定的话语系统中对事实的再现。萨义德更多的是指真实的东方应该把被殖民者对自身以及自身经验的再现也容纳进入，而不是说在东方的再现之外，脱离现有的东方的再现范围，在世界的另一个角落存在一个完全真实的东方。我们必须看到萨义德的观点中存在着经验的物质性和认同的建构性的张力。

罗伯特·扬在作品《白色神话：书写历史与西方》中对萨义德使用的方法论进行了探讨，他认为萨义德对于所批判的现象没有提出任何的替代方案。②但是罗伯特·扬也承认了这样一个观点，如果萨义德将东方学当作一个建构来看待，那么这个建构某种程度上是虚幻的或者不是真实存在的，那么萨义德便不需要为一个不真实的内容去寻找一个真实的替代。罗伯特·扬提出的第二个质疑是萨义德本身处于对东方的构建之中，并没有脱离"强制性的知识结构"，那么萨义德也必然会掉入这个陷阱中。东方学家构建的东方如果说与真实的东方不相同的话，那么萨义德所叙述的内容与真实的东方也不尽相同。萨义德反对东方学对东方的再现，但是萨义德的作品和东方学的立场却有接近之处。如果萨义

---

① Ahmad A.In Theory:Classes,Nations,Literatures,London and New York:Verso,1992,p.164.
② Young R.White Mythologies:Writing History and the West,London:Routledge,1990,p.127.

德对东方学进行批判，那么他的作品《东方学》也应该受到他自己的批判。罗伯特·扬试图去揭露萨义德《东方学》的前后矛盾。他认为《东方学》分为两部分，第一部分萨义德演示了东方学中对东方的再现是对东方的构建；第二部分萨义德剖析了东方学的话语是如何为殖民主义服务的。萨义德认为东方学的构建主要有两种形式：一种形式是将被建构的东方作为研究对象的学术研究；另一种是各种职业比如旅行者、朝圣者和政治家所表达的东方。我们能够看到东方学的两种形式之间存在着张力，但是它们却以一种形式为殖民主义服务。

詹姆斯·克利福德指出萨义德及其思想中一直存在着一个矛盾，这个矛盾就是萨义德用一种属于西方理论传统的工具来批判西方传统。克利福德提出了两个关于萨义德《东方学》的疑问：第一是如果萨义德将东方看作是在文化上被生产出来的意象，那么当我们对东方进行批判时，是否应该提出对这个意象的反叙事呢？第二是当萨义德对东方学进行批判时，如何防止自己掉入"西方学"的陷阱呢？[1]克利福德对东方学是否有可能逃脱参与非人化、错误再现等问题产生疑问，他认为在萨义德的作品中没有看到东方学的替代方法。克利福德认为萨义德的身份带来了多重认同，萨义德是巴勒斯坦人，但是接受了英美的精英教育，成为一名在美国生活的巴勒斯坦人，他的批判所利用的文化工具正是他试图去批判的文化工具。但是萨义德本人的在世性和多重身份的矛盾也许正是萨义德的与众不同之处，他自身的文化认同中存在的各种矛盾让我们看到了后殖民的世界里个体的认同与整个文化体系的建构是多么的复杂。

除了上述学者对于萨义德提出的针对性批判外，部分学者对于萨义

---

[1]詹姆斯·克利福德：《论东方主义》，罗钢，刘象愚主编《后殖民主义文化理论》，中国社会科学出版社，1999年版。

德及其思想提出了简短的观点。比如莫纳·阿巴扎和格奥尔格·施陶特认为萨义德的方法论是"简化主义"的，将话语假设成一种从掌握权力的人通向被支配的人的一条单行道。他们认为萨义德没有看到文化交流的生产力，也没有看到文化交流的能动性，而是将文化看作是被动的、沉默的。艾曼纽埃尔·西万认为阿拉伯世界的自由派知识分子将萨义德对伊斯兰的辩护视为与推行某种基要主义计划的保守势力的合谋。阿拉伯评论者还质疑萨义德没有考虑历史事实，甚至没有提到历史事实。拉塔·玛尼和鲁斯·弗兰肯博格认为萨义德的陈述比较粗糙，没有表达出东方内部的差异，他的普遍理论是以西亚为基础的。拉塔·玛尼和鲁斯·弗兰肯博格的这类批判是萨义德及《东方学》经常受到的一类批判，也是破坏力最强的批判，萨义德本人在《东方学》1995年版的"后记"中做出了回应。这类批判的核心在于萨义德将东方和西方建构成了一个像铁板一样的实体。扎基亚·帕塔克等学者不赞同萨义德对东方学中存在的性别问题的处理方式。雷纳·刘易斯和乔安·米勒指出萨义德没有把女性当作帝国权力关系的主动参与者，没有将女性考虑为殖民权力内部的行为主体。萨义德忽视了女性在殖民扩张中的作用，没有将女性作为东方学话语的生产者。萨义德在文本中只提到了一位女性作家格特鲁能·贝尔，但是在萨义德的文字中甚至忽略她的性别立场。在这样的女性立场缺失的条件下，萨义德落入了刻板印象的陷阱，而萨义德批判的东方学的核心正是刻板印象的陷阱，这让我们看到了萨义德及《东方学》中存在的又一个内部矛盾。

除了上述学者从个人的层面对萨义德进行评价外，萨义德也受到了来自不同学术流派的评价。比如东方学研究领域中的德国学派认为萨义德在研究中忽视他们的存在。萨义德认为东方学的开端在时间轴上与1798年拿破仑入侵埃及事件重合，而不是重合于18世纪欧洲人对印欧语言研究兴趣高涨的时期，这样的观点对于萨义德分析和揭露话语中的欧洲权力更加有利。但是这样的观点很大程度上忽视了东方学中的德国学派以及德国学派对东方学领域的重要影响。因为在东方，德国不是一个重要的殖民国家，德国学派认为在某些方面可能东方文化比西方文化更加的优越。

再比如米歇尔·福柯理论的研究学派认为萨义德对于福柯话语概念的使用可能是片面的。萨义德更加强调支配与权力，而不是话语与文化的互动。萨义德认为根本不存在"真实的东方"，因为"东方"是一个被定义的实体。东方被认为有着特定的地理空间，有着和西方种族不同的原住民，有着固有的宗教与文化，而我们可以在这些特点的基础上去定义东方、定义东方人的观念。萨义德坚持认为《东方学》在理论上的不一致是合理的，因为他不希望福柯的方法论或其他学者的方法论凌驾于他所提出的问题之上。除此之外，部分福柯的研究学派认为萨义德错误地挪用了福柯的理论，尤其是萨义德的人文主义观点。萨义德给作者及其对文学读写实践"定价"的特权，这与福柯所认为的话语的运作方式不兼容，萨义德对福柯的误用意味着《东方学》的内部存在着重大的理论的矛盾。

后殖民主义理论学派内部也存在着对萨义德及其东方主义思想的质疑，主要问题集中在萨义德虽然揭示了东方学的话语霸权本质，但是却没有提出针对性的解决方案和抵抗策略。而萨义德认为，东方学家有一种强大的力量，这种力量在于他们对东方的"认识"，在他们对东方形成认识的过程中，在世性深深地嵌入其中，然后输出了属于东方学家的认识的文本。而东方学家拥有着话语权，他们所输出的认识被人们当作现实与真理。这种认识本身构成了权力，同时也是权力的一种演练。因此对于萨义德来说，对东方学的抵抗需要两个层面：第一是认识东方学话语之外的东方，第二是对东方学家再现的知识进行逆写。萨义德对东方学的逆写，不是一个东方人对真正的东方进行叙述，而是直接揭露了"真实的东方"的谬误。发展批判意识，是萨义德抵抗策略的核心。具有批判的意识要勇于挑战主流文化中隐藏的文化帝国主义，勇于挑战被系统支配的主权。萨义德关于批判意识的观点充分展示了主观能动性的力量，因为批判的意识需要摆脱主流文化的笼罩，站在主流文化的对立，再去认识、判断和输出。在此基础上，萨义德在"中东三部曲"著作中的第二部《文化与帝国主义》中对抵抗问题给予了有力回击。

面对来自学术领域的各种各样的声音，萨义德永远秉持着向上的态度做出回应。对于许多第三世界批评家和有着相同想法的理论家来说，萨义德的思想已经刻下了深深的烙印，他们在解读与阐释萨义德的基础上对东方主义思想进行拓展，致力于将东方主义思想拓展为一种对帝国再现的范围和力量的理解。霍米·巴巴认为萨义德的分析是殖民话语分析的核心，萨义德本人是殖民话语分析中的一个重要人物，他致力于在殖民话语分析中拓展萨义德的理论。在福柯的问题上，霍米·巴巴不认同萨义德对福柯的使用，他认为萨义德在使用福柯的话语概念时过于"工具主义"。但是霍米·巴巴提出批判的目的不是揭露萨义德的理论问题，而是试图找到一种拓展萨义德的分析的方式。霍米·巴巴在东方学的话语中引入了"纠结"的概念，通过分析和陈述东方学成为殖民权力的工具的过程，将话语分析作为理论工具来研究萨义德的计划。阿里·贝赫达德细化了萨义德的工作，对萨义德的东方主义思想进行了详细解读，试图超越所谓的萨义德作品的理论局限，证明了《东方学》是殖民话语分析的重要文本。马赫穆特·穆特认为如果我们想要理解东方学错综复杂的特性，那么就需要系统研究萨义德作品中包含的地方语境。马赫穆特·穆特试图去拓展萨义德的分析，说明东方学家对伊斯兰的建构，并且在全球视角中将这些建构进行语境化的思考。

　　萨义德《东方学》的首次出版距今已经有四十余年，东方主义成为萨义德最有影响力的概念，为后殖民理论研究开辟出一块宽阔土壤，为后殖民主义理论的研究学者留下了一笔宝贵的财富。萨义德东方主义思想的学术价值是毋庸置疑的，迄今为止围绕东方主义思想的争辩与解读依旧不断，激起了各个领域学者的评价。其中部分学者持有批判的观点，他们批判萨义德对帝国主义在西方文学作品中作用过于关注，而对于被殖民社会的文化却少有描述，更重要的是萨义德没有关注被殖民者的抵抗。萨义德对《东方学》所受到的批判表示非常欣喜，他在1993年出版的著作《文化与帝国主义》中对被殖民者的抵抗问题进行了补充，对西方文化帝国主义进行了剖析，也对文化抵抗的策略进行了论述。

第二节　文化帝国主义批判思想

　　爱德华·萨义德是后殖民主义理论的重要奠基者之一，其著作《东方学》成为后殖民主义理论的开创性著作，在此著作出版后的大部分关于后殖民主义问题的研究都将其当作研究的起点。《东方学》指出，在19世纪西方国家的眼中，东方是一种没有真实根据的偏见，东方是想象出来的东方。在西方国家的刻板印象中，东方的人民和文化是落后的，这种强烈的偏见也成为欧美国家实施殖民主义的借口。在《东方学》的基础上，1993年，萨义德的著作《文化与帝国主义》问世，《文化与帝国主义》从西方文学的角度进一步阐述了西方文化与西方殖民主义、帝国主义之间的关系，萨义德在《文化与帝国主义》中对《东方学》在学术界所引发的一系列质疑进行了回应。如果说《东方学》的论述重点在于对西方与中东的观察，那么《文化与帝国主义》论述的内容扩及至19、20世纪的近代西方帝国与海外属地的关系，对有代表性的文学作品进行针对性的分析，揭露文化与帝国主义、帝国的霸权与被霸权者的抵抗之间的错综复杂关系。

1 文化与帝国主义的共谋关系

19世纪中叶，新的人文学科如人类学、社会学和民族学等在西方不断涌现，文化的概念也随之不断变化。①英国被称作"人类学之父"的泰勒（E.B.Taylor）在1871年发表的《原始文化》中将文化定义为"一个复杂的总体，包括知识、信仰、艺术、道德、法律、风俗以及人类在社会里所有一切的能力与习惯"②。在后殖民主义领域，对文化的研究着眼于西方发达国家推行的文化霸权政策和战略，揭示西方资本主义对第三世界国家和社会主义国家进行的文化渗透、扩张和侵蚀，迫使第三世界国家接受西方的价值观、意识形态、思维准则和行为框架，以达到影响和控制全球格局、世界事务和第三世界国家内部发展的目的。③文化霸权让政治与文化紧密相连，可以说政治是文化生产的驱动者，给予文化生产能量，这让所有的文化生产不可避免地被刻上深深的政治特征的烙印。二者的关系经常被隐藏在复杂的社会活动之下，也正是由于二者的关系不可见，才赋予了意识形态巨大的功能。文化与政治意识形态之间的复杂关系也可以用文化的保守性和匿名性来解释，因为文化不完全

---

① 张义明：《中国传统文化精要》，西北大学出版社，2011年版，第4页。
② 爱德华·泰勒：《原始文化》，蔡江浓编译，浙江人民出版社，1988年版，第1页。
③ 齐峰，贾中海：《文化霸权解构与多元文化建构》，《北方论丛》，2015年第2期。

由英雄人物或激进主义创造，反而由许多的伟大的匿名运动创造。慢慢地，文化和民族或国家联系起来，文化区分了他者，传统知识分子开始以民族或帝国为焦点的主流文化和政治形态为核心。文化既是认同的一个功能，又是认同的一个来源。在后殖民社会中，文化传统主义的回归往往需要以宗教的形式，或者以民族的基要主义的形式。在被殖民的世界中，帝国霸权中最强大的行为主体，很有可能就是帝国的文化。比如印度精英阶层对英国文化的仰慕与认同，可以让英国人轻而易举地管理与支配他们。再比如英语文学这门学科的创始目的是让印度变得文明。但是从另一个角度来看，文化也会成为后殖民社会中最具有抵抗力量的行为主体。

对于帝国主义的概念，列宁在《帝国主义是资本主义的最高阶段》中进行了论述。列宁认为："帝国主义是发展到垄断组织和金融资本的统治已经确立、资本输出具有突出意义，国际托拉斯开始瓜分世界，一些最大的资本主义国家已经把世界领土瓜分完毕这一阶段的资本主义。"[1]帝国主义是资本主义的最高阶段，基本特征是垄断代替了自由竞争，形成了金融寡头的统治。19世纪末，帝国主义之风盛行，出现了众多帝国主义的拥护者。这些拥护者既充当帝国主义的歌颂者，又充当帝国主义的宣传大使。他们认为帝国主义已经成熟了，以至于能够决定物质与意识形态，并渐渐变成普世接受的真理。社会的某些领域已经被帝国主义支配，在这样的领域内帝国主义的权力是至高无上的。随着时间的推进，帝国主义的权力会决定这些话语中流行的言论和信念的性质。面对帝国主义强有力的输出，萨义德一针见血地揭示了其中的奥义。第一，西方将除自己之外的地区称之为他者，在地理上区分开自己与他

---

[1]列宁：《帝国主义是资本主义的最高阶段》，人民出版社，2020年版，第87页。

者，并且西方默认自己与他者理所应当存在着巨大的差异。第二，将种族思想作为一种学科去维护和加强。第三，西方对世界的主动出击与支配，被作为一门学科而接受。第四，西方的统治与控制对大众文化和小说的结构进行着潜移默化的影响；在历史学、哲学和地理学等学科内发挥着具体的作用；对于被殖民国家的环境、行政管理和建筑设计等领域产生了影响；对于帝国的精英阶层、文化领域出现了实践的物质的影响。第五，由帝国主义控制的一股力量，见证了帝国将地理划分作为一个学科而成立，比如东方学、非洲学和美洲学等，这些学科的话语、历史、小说等领域都被帝国主义支配。萨义德认为帝国主义不仅是"统治远方领土的支配的都会中心的实践、理论和各种态度"，更多的是特指文化的主动效果。在后殖民主义理论领域，帝国主义指一个民族把自己的支配权力扩张到一个或者数个其他民族的历史的所有时期。帝国主义的概念区别于殖民主义，殖民主义是指一个民族把定居的地点移植到远方的领土之上，而帝国主义的关系中，一个民族或国家将控制另一个政治社会的有效的政治主权。帝国主义的概念也区别于帝国，建立帝国的过程在领土的殖民化完成时就结束了，而在帝国的过程结束之后，帝国主义依然存在于殖民地的文化、政治、经济与社会实践中。加纳总统恩克鲁玛将这样的过程称之为"新殖民主义"，由于帝国主义在文化上的倾斜，使它远远超过了地理上的帝国。

萨义德的理论体系中没有对帝国主义理论的系统论述，但是萨义德始终试图去探索帝国主义的观念和实践是如何获得持续经营的一致性和密度的，萨义德的目标是揭露帝国主义和文化的关系。萨义德认为："文化和帝国主义都不是惰性的，所以，它们之间的关联作为历史经验也是动态而复杂的。"文化的权力保证并维持了帝国主义的制度与经济、政治领域的运行。萨义德试图证明文化对于帝国主义是至关重要的，如果没有了文化，那么帝国主义霸权将失去一个强有力的、权威的支撑力量。英国与印度之间的关系证明了这一观点。人数不到十万的英国人可以在印度境内管理其数亿人口，尽管印度身上深深刻着被英国剥夺和剥削的烙印，但是印度的精英阶层却被帝国主义不断地诱发出对英国的认同与仰慕。萨义德以印度为例证明了文化提供的一种道德力量，这种道德力量促成了意识形态之间的和解。英国哲学家约翰·斯图亚特·密尔曾说："印度需要我们，这些领土和人民乞求我们的支配，要是没有英国人，印度就会灭亡。"①这样的观点让我们看到了帝国主义的傲慢与偏见，也看到了帝国主义者对他们所掌控的权力与义务有着强烈的认识。帝国主义将霸权装扮成了文明的使命，他们认为帝国主义不但有权力，还有义务去统治那些处于迷茫中的、身上带有野蛮特质的民族。这些认识大多存在于欧洲的文化之中，他们对一个国家进行了侵占与掠夺之后并不会离开，除了贪婪地索取之外，强烈的文明使命感会影响着他们，使他们留在被霸权的地域不断地实践。帝国主义坚持着一个不容置疑的信念，那就是通过帝国主义的霸权，特定的社会将可以获得那些被文明化的和正在文明化中的价值，这些价值将会使全世界受益。19世纪晚期，欧洲已经建造了一所文化建筑，这所文化建筑代表着自信、权威和傲慢，在这所文化建筑的庇护下，欧洲的中心化、欧洲的帝国主义、欧洲的文明使命都不容置疑和批判。萨义德认为这样的观点是为了取得对被殖民者的支配而建构出来的。帝国主义者将这样的理念不断地在帝国主义实施的过程中进行自证，在自证的过程中不断地获得自我认可。

①Edward W.Said.The Pen and the Sword:Conversations with David Barsamian,Monroe: Common Courage Press,1994,p.66.

2　文化与帝国主义的共谋方式

萨义德认为在文化与帝国主义共谋的过程中，文学作品充当了十分重要的工具。[①]文学作品中的叙事权威模式和支撑帝国主义倾向的复杂的意识形态构造之间存在着某些联系，二者之间的关联绝对不是巧合。萨义德试图揭示文化是如何通过文学作品来帮助帝国主义的输出与实施的，他认为文学作品与帝国主义之间不是因果的关系，也不是生产的关系，而是相互加持，缺一不可。比如19世纪英国小说的崛起和支配地位是无人可以撼动的，正因如此，英国的帝国主义持续发展，并且在发展的过程中不断地得到强化的权力。文学作品中对于英国的帝国主义中心的地位进行着生动的描述，主动地对英国的帝国主义政策进行配合，英国的帝国主义蔓延不断地持续了整个19世纪。

萨义德借鉴威廉斯提出的文化"情感结构"概念，将这个概念运用到文学作品的分析中，萨义德称之为"态度和参照结构"。威廉斯在《文化与社会（1780—1950）》中指出"新的一代人将有其自己的情感结构，他们的情感结构好像并非'来自于'什么地方。变化的组织产生于有机体中：新的一代人将会以其自身的方式对他们继承的独特世界做出反应，吸收许多可追溯的连续性，再生产可被单独描述的组织的许多内容，可是却以某些不同的方式感觉他们的全部生活，将他们的创造性反应塑造成一种新的情感结构。"[②]在此基础上，萨义德提出的态度和参照结构让我们能够得到以下几个观点：第一，在文学作品的前部分对于帝

---

① 赵稀方：《后殖民文学》，《社会科学》，2009年第6期。
② "情感结构"是英国文化理论家雷蒙德·威廉斯的"文化唯物主义"理论中使用的概念。威廉斯最早在《电影序言》中提出了这个概念，后来在著作《漫长的革命》和《马克思主义与文学》中不断延伸和发展了这个概念，本段引用的是其著作《文化与社会（1780—1950）》中的观点。

国的各种叙事并不关心或者并不过多地描述，后部分却明确地提及帝国的各种叙事，这两个反差之间应该存在着反常的、有机的连续性。第二，文学作品参与、促进和强化了关于英国和世界的认识和态度，在默认英国的价值和态度具有普世性和核心性的前提下，对待他国领土的看法也随之而默认。第三，19世纪中期的英国小说家普遍都认可一个现实，那就是英国特权已经在他国进行了广泛的扩张，已经进行了全球化的推及，他们认为英国的特权地位在本国与他国都是同等的。第四，在文学作品领域之外，并没有政策或正式的存在方式将众多的文学作品相连接，这种潜在的力量我们称之为在特定的小说中找到具体参照的态度和结构。因此在文学作品中，我们看到的文本对权威的维护和巩固是如此规范，又是如此的崇高、不可侵犯。文学作品中的文字虽然不会直接建议读者去进行殖民活动，但是也很少去阻碍帝国主义霸权的实施。文学作品从来不会直接宣传帝国主义的霸权，隐蔽在其中的文化帝国主义却无时无刻不在发挥着作用，这证明了文本的在世性及其对一系列社会与文化现实的认属，也证明了帝国主义的无处不在。

为了揭示文化与帝国主义通过文化作品进行共谋的过程，萨义德在探究欧洲文化与帝国主义之间的紧密联系的性质时提出了一种非常创新的贡献，那就是他称之为"对位阅读法"的阅读模式。加拿大钢琴家格伦·古尔德启发了萨义德关于对位阅读法的思考。[1]格伦·古尔德在钢琴演奏上不仅技术炉火纯青，而且在演奏中会找到一个特定的音乐主题，然后对这个主题进行对位的演绎，力求让这个主题的所有可能性都得到展现。这是萨义德对格伦·古尔德最为欣赏和赞同的地方，他的演奏展示了对位的意义，用对位的方式酣畅淋漓地诠释了特定的音乐主题。萨义德提出的

①刘惠玲：《话语维度下的赛义德东方主义的研究》，华中师范大学博士论文，2011年，第107页。

对位阅读法也有类似的内核，对位阅读法让我们在帝国主义叙事和后殖民视角之间建立一种对位关系，这个关系让我们能够揭开文本表面的薄纱，直击文本的内部，看到内部隐藏的帝国主义霸权。对位阅读法像是医院的彩超仪器，医生不能仅仅依靠病人的外在症状而判定疾病，而彩超仪器能够让医生透过人体清晰地展现内部的病灶，只有看清了这个病灶的位置和具体情况，看清了病灶与人体的疾病关系，医生才能找到真正适用的治疗方法。对位阅读法让我们在阅读文学作品时，不仅仅看到单义的文本，而是将所有的维度都进行思考，在单义的文本背后挖掘到可能隐藏着的帝国主义。对位阅读法对于文学作品的阅读与分析有着巨大的作用和特别的意义，尤其针对小说这种文体，小说与帝国主义的扩张有着独特的联系。对位阅读法是从被殖民者的视角去审视文学作品，对文学作品逆向阅读的方法。这种方法要求读者不仅要看到作者笔下存在的文本，还要去探究作者没有写到的内容，甚至是与作者的文本对立的内容。对位阅读法的目的是将文学作品中深深潜藏的帝国主义挖掘出来，并看清它是如何深埋在文学作品中的。当我们开始使用对位阅读法时，我们进行的就不仅仅是单义的阅读了，我们能够意识到被支配、被隐藏的历史，我们能够产生不同的、崭新的认识。

对位阅读法的具体目标是揭露帝国主义对文学作品的潜移默化的影响和无处不在的力量。在19世纪的欧洲文学作品中，帝国主义总是扮演着一个无形的角色，就像程序背后的代码一样，这些代码是隐藏的、不可现的，我们通过对位阅读法可以将这些隐藏的代码显示出来。萨义德对重要作品的对位阅读没有摆脱被误解的命运，人们将这种方法误解为要将所有的文学作品都默认为帝国主义的。对于这样的误解，我们首先要看到萨义德是带着鉴赏的初始态度去解读文学作品的，而不是在一开始就端持着有色的眼镜。只有认真严肃地对待文学作品本身，才能让对位阅读法发挥出效力。对位阅读法不仅仅是一种驳斥与争论，而且是展示帝国主义和殖民主义的方式。萨义德本人对于误解与批判也进行了反驳，他认为自己虽然指出了文学作品中的受限，揭示了作者被自己文化视角限制的真相，但是这并不影响自己对作者和其作品的欣赏与理解。萨义德想要做的不只是争论，他使用对位阅读的方法，尽自己最大的努力去将文学作品置于特定的语境，去发现这些文学作品在我们的眼睛看不到的地方，跨越了时代的、文化的和意识形态的边界。萨义德通过一个例子让我们去理解对位阅读法，比如作者的文字展示了他认为殖民种植园对维持英国的特定生活方式来说十分重要，作为读者的我们要去思考作者的这句话意味着什么，在这句话的文字之下还隐藏着哪些内容？带着这样的思考去阅读文学作品，就是对位阅读法的使用。由于萨义德本人特殊的身份——他既是巴勒斯坦的东方人，又是接受了英美精英教育的知识分子，所以萨义德的在世性充满了矛盾，他的认同也充满了张力。正是由于这样的在世性，让萨义德得出了对位性的观点和对位阅读的方法。萨义德认为必须要用对位的视角来分析二者之间的矛盾，才能睁开眼睛看到帝国主义对于这矛盾与差异的作用。

　　萨义德认为对位阅读法还可以应用于对文本中地理因素的研究。由于萨义德本人的在世性的矛盾和人生经历中的"流亡"，让他对于地理这个因素非常地看重。除了自身经历的影响外，萨义德发现在帝国主义实施的普世化过程中，对于文本形成和奠基至关重要的地域因素总是被抹去，这让他对地理因素产生了探索的动力。萨义德在《东方学》中论述了想象的地理及其再现充当为现实的理论，也说明了帝国主义的想象是如何在地理上切分这个世界的。对位阅读让我们看到了帝国主义的地理现实，以及这个地理的现实对全世界其他地区的深刻的实际影响。随着时间的推移，人们越来越意识到地理这个问题，并开始了为地理而进行的斗争。在后殖民话语中，属于地方的位置、文化和集体问题更加明确和重要了。自1956年地理学家麦卡托发表了以投影方式绘制的世界地图以来，在帝国主义的内部的文化策略应该就开始呈现出来一个特点，这个特点就是为了地理的构成而斗争。对于萨义德本人而言，殖民主义和帝国主义不是抽象的概念，因为这些霸权就曾以各种具体的形式出现在他的生活之中。萨义德所生活的地方流淌着辛酸的眼泪，因为这个地方的历史在某种程度上是被殖民的结果，这辛酸的眼泪和帝国主义有着巨大的联系。但是在萨义德的作品之中，地方的具体的帝国主义现实又是矛盾的，因为他的人生中大部分时间并没有生活在这个地方。但是我们相信对于萨义德来说，身份的双重性和矛盾性能够让他站在不同的角度更加清晰地理解和论述帝国主义的霸权。对于帝国来说，首要的任务就是在地理上去夺取土地的占有权，帝国争夺的地质基础也支撑着社会和文化的空间。帝国主义和其支配的文化承认了地理的重要性，也非常看重对领土内人民意识形态的控制。所以萨义德一直深刻地研究殖民领土问题，他相信大多数人都未曾在意过西方的各类学科作品中对于地理区域的绘制和标记，以及这个标记背后代表的帝国主义与文化霸权。

3 文化与帝国主义的共谋案例

常规的文学作品鉴赏有许多的方法与途径，但是如果试图揭示文学作品中的文化帝国主义霸权，对位阅读法能够实现这个目的。对位阅读法可以从根本上改变阅读的方式，让人们清楚地看到文学作品与伟大名著背后隐藏的权力话语。对位阅读法不仅向我们揭示了帝国主义是如何在特定的文本中发挥作用的，还向我们揭开了一层更神秘的面纱，那就是在全球帝国主义中，文化的实践和政治的实践是紧密联系的。萨义德对于文学作品的分析不只局限于揭示帝国主义在文化中的运作方式，还深刻探讨了帝国主义霸权实施的过程中如何成功地隐藏了自身，在人们的双眼看不到的地方发挥巨大的作用。

3.1　萨义德对《曼斯菲尔德庄园》的解读

萨义德采用对位分析法研究文化帝国主义的最典型例子当数他对简·奥斯汀的《曼斯菲尔德庄园》的解读。简·奥斯汀是英国著名的女小说家，主要作品有《傲慢与偏见》《理智与情感》《曼斯菲尔德庄园》《爱玛》和《劝导》等。其中《曼斯菲尔德庄园》是于1814年出版的长篇小说，故事的背景发生于英国工业社会初步形成、资产阶级秩序基本确立的时期，以男女青年的恋爱婚姻为题材。

《曼斯菲尔德庄园》中有这样一段情节：在女主角范妮15岁那年，托马斯爵士到拉丁美洲的安蒂瓜去处理一些生意上的事务。在托马斯爵士离开庄园期间，庄园中的年轻人发生了一段段荒诞的故事。当托马斯爵士突然回归时发现了这些荒诞的事情，托马斯爵士有条不紊地将一切事情拉回正轨，并且把庄园的所有事项安排得井井有条。在这里我们可以采用对位阅读法，尝试去解读托马斯爵士在拉丁美洲的安蒂瓜也一定是如此的行事风格，将自己的目的贯彻到底，对自己的权威不容置疑，用无上的权力来控制自己的殖民区域。萨义德认为在这一段描写中，作者把国际和国内的权威摆放至同一水平，向我们展示了一个高高在上的爵士，正因为他是实际的领土占有者，他才能拥有统治的权力，才能代表高级的价值观，才能将这样的价值观输出。托马斯爵士对于曼斯菲尔德庄园的统治在某种程度上接近于帝国对于领土的统治，而为了保证曼斯菲尔德庄园内部生活的正常运行，保证庄园的和谐与安宁，托马斯爵土依然要管制安蒂瓜种植园，需要安蒂瓜种植园的生产种植有序进行。

　　安蒂瓜揭示了英国的财富对于海外财富的依赖性，并且这种依赖性是隐蔽的。作者在描述安蒂瓜时提到："你要知道，要是安蒂瓜种植园还这么收入不好的话，托马斯爵士的手头就会很紧了。"①在简·奥斯汀的文本中我们可以看到安蒂瓜的重要性，在作者的时代背景下，英国的殖民财产对于英法两国的竞争来说是非常重要的背景之一，英法两大帝国都在为控制糖的产业而竞争。所以安蒂瓜对于英国和法国来说都具有长期的、持久的利益，所以二者要为了这样的利益而竞争。萨义德指出："没有奴隶贸易、食糖和殖民庄园主阶级，就不可能有伯特兰姆一家人。"②简·奥斯汀不仅将安蒂瓜定义为对曼斯菲尔德庄园的限制，或者是对本土财富有着威胁性的海外领土，安蒂瓜也隐喻一种意识形态，是对一个时期内发生重大经济和社会变革的意识。

　　小说当中的另一段情节是范妮回到朴茨茅斯探望家人，她对自己的家庭感到压抑，因为她已经习惯了曼斯菲尔德庄园的生活水平，在这样的对比下她的家庭混乱肮脏，她的家人毫无教养，除了她的哥哥威廉之外。在她离开的这段时间，曼斯菲尔德庄园接连发生一些事情使托马斯爵士全家受到打击，在这样的打击下他们终于意识到范妮的价值，体会到了范妮的重要性。穷苦的范妮身上有着正直诚实的品质，这让托马斯爵士十分欣赏，范妮的品质也让她在托马斯爵士心中的地位越来越高，小说的结局是范妮嫁给了她一直钟爱的托马斯爵士的二公子埃德蒙。范妮回到故乡的那段经历让我们看到了一个与帝国主义微妙的关联。范妮回到故乡，家庭的贫穷让她再次意识到物质与精神的封闭和低劣，如果

---

①简·奥斯丁：《曼斯菲尔德庄园》，孙致礼译，译林出版社，2004年版，第26页。
②爱德华·萨义德：《文化与帝国主义》，李琨译，生活·读书·新知三联书店，2021年版，第130页。

范妮想拥有权力，就必须要离开自己的贫穷的故乡，去往曼斯菲尔德庄园。范妮经过了这小小的殖民运动后，最终获得了托马斯爵士的产业，也获得自己的爱情。

通过对《曼斯菲尔德庄园》文本的仔细阅读，我们不难发现其中的态度和参照的结构。萨义德认为："但是在仔细阅读它时，我们可以察觉出下述各种人怎样看待附属民族与海外领土。这些人中既有外交部门的首长、殖民地官员和军事战略家，又有通过道德价值、文学平衡和优雅的风格等进行自我教育的聪明的小说读者们。"①态度和参照的结构便是所有人持有关于依赖的种族和领土的理念，无论他们的身份是什么，接受了什么样的教育，无形之中便形成了同样的意识形态。

3.2 萨义德对《阿依达》的解读

在小说这类文学作品中，我们通过对位阅读法能够清楚地看到文化与帝国主义之间的联系。此外，在欧洲其他各类文化形式中，我们依然可以看到文化帝国主义的身影，它蜷缩在态度和参照结构之下，默默地对文化形式进行渗透，不断地为帝国主义提供扩张的资本。19世纪的欧洲文化，充斥着对于帝国主义的表达，通过文化让我们认知帝国主义。这些文化像空中楼阁一般漂浮于一个假设的前提之上，那就是西方的文化完全独立于其他的文化，对位阅读法让这个空中楼阁动摇了。《阿依达》是意大利作曲家朱赛佩·威尔第创作的歌剧。《阿依达》首次演出于1871年12月，是在纽约大都会歌剧院演出次数最多的歌剧，也是当时风靡一时、人人皆知的一部歌剧。对于普通观众来说，著名的歌剧和小

①爱德华·萨义德：《文化与帝国主义》，李琨译，生活·读书·新知三联书店，2021年版，第132页。

说一样，都拥有非常崇高的艺术地位，是一个国家的高尚的艺术品，所以它的主题的性质和背景知识很少会受到质疑和批判，观众会直接吸收其中的知识，并默认为这就是现实。萨义德认为，威尔第的歌剧《阿依达》作为一种极其专业的艺术形式，不仅诠释了其艺术上的造诣，还向我们展示了在19世纪一段特定的历史时刻中埃及的权威。歌剧《阿依达》的故事以古埃及法老王时代东非大陆的埃及和埃塞俄比亚的战事冲突为背景，讲述了交战国双方皇帝的女儿同时深爱着一位恋人时所做出的生死选择的故事。[1]萨义德认为，歌剧《阿依达》像纪念碑一般恢宏大气，拥有着壮阔震撼的合唱和感人至深的情节。如果想要真正地理解这部歌剧，需要我们用一种对位阅读法，这个方法要能够从本质上接受歌剧《阿依达》的混杂性，理解歌剧《阿依达》在文化历史上的定位与海外殖民经验中的参考，通过这样的对位阅读我们才能看到歌剧《阿依达》与西方的历史和文化的联系。

《阿依达》中有这样一段情节：一名埃及英雄成功地打败了对手埃塞俄比亚的军队，但是却因为深受怀疑是敌军的叛徒最终被判处死刑。这段情节可以让我们联想到帝国主义在中东的斗争。埃及的统治者伊斯梅尔对于埃塞俄比亚的处理让英国列强十分怀疑，但是英国列强仍然鼓励他的所有行为，因为英国人把他当作一颗棋子来制衡法国和意大利对于索马里亚和埃塞俄比亚的野心。从法国观众的角度来看，歌剧《阿依达》以戏剧的形式夸张地表达了埃及的军事策略在埃塞俄比亚的成功以及所带来的危机。

19世纪30年代，伊斯梅尔开始进行近代城市建设，下令在中世纪旧城以西去兴建欧洲式样的新城市，目的是使开罗西方化、现代化。这

---

[1]居其宏：《歌剧综合美的当代呈现》，中央音乐学院出版社，2006年版，第190页。

样的现代化建设使埃及首都开罗变得分裂不堪，成了一个不能为人们带来便利生活的中世纪土著城市，也成了一个对于欧洲现代化大城市力图模仿的殖民城市。而歌剧《阿依达》中的埃及被描述为欧洲外观的一部分，它并不是开罗，而是一个崭新的城市。歌剧《阿依达》与开罗的歌剧院对于历史和现在对比来说，它们的存在是完全不同的意义。在今天，歌剧《阿依达》是一部著名歌剧，我们通过它可以欣赏艺术与文化，也能看到其中帝国主义的痕迹并加以学术分析。但是在那段特定的历史时期，歌剧院与歌剧却是一种附带需求。在真实的历史上，歌剧《阿依达》是为了歌剧院开业而制作的。歌剧院的位置就在开罗分裂的界线上，歌剧《阿依达》的客户大多是欧洲人，欧洲人来到这里的目的不是欣赏艺术，而是为伊斯梅尔的发展计划提供信贷。文化作品的艺术氛围和现实的世界也划分成两个巨大气球，而中间牵着气球的人穿着帝国主义的衣服，他看似漫不经心，实际上所有的一切都在他的操纵之中。帝国主义拥有权力和文化，可以巧妙地遮蔽自己的野心，通过歌剧《阿依达》让我们看到欧洲的文化形式是如何褪去帝国主义的外衣，脱离与帝国主义的关系，最后成为一种至高无上的艺术品，成为一种无可超越的艺术神话。虽然歌剧《阿依达》在当今的艺术鉴赏领域取得了巨大的成功，但是其中的帝国主义痕迹依然存在，我们依然可以在歌剧中阅读到、聆听到、感受到。

3.3 萨义德对《吉姆》的解读

吉卜林是英国著名作家、诗人，于1907年获得诺贝尔文学奖。吉卜林是英国第一位诺贝尔文学奖得主，也是迄今为止诺贝尔文学奖最年轻的得主。吉卜林的文学作品对20世纪初的世界文坛产生了巨大的影响，其中《吉姆》是吉卜林的代表作品。《吉姆》作品的灵感来自于作者吉卜林自身在印度的童年生活经历。在这本小说中，孤儿吉姆是一名驻印爱尔兰士兵的孩子，他性格活泼开朗、机智调皮。偶然的机会让吉姆与一位喇嘛相遇，执意去寻找传说中可以治病洗罪、摆脱轮回的"箭河"。吉姆便成了这名喇嘛的弟子，从此开启了寻找"箭河"的旅程。除了吉姆之外，印度各个阶层、各个民族的人民也参与了寻找"箭河"的旅程。同时命运又给予吉姆体验独特的身份的机会，由于吉姆特殊的身世，他被选择成为一名优秀的间谍，经受了异常艰难的训练后开启了间谍人生的体验。《吉姆》是一部在恢宏时代背景下的少年成长小说，也是人们对于信仰的寻求之旅，展示了印度的世俗人情、种姓制度和多种文化的交融。

萨义德对于文学作品《吉姆》的解读依然通过对位阅读法来进行，目的是揭示《吉姆》背后的帝国主义渗透。萨义德认为吉卜林站在英国殖民者的权威视角来进行创作，为我们展示了一个大规模的殖民系统，这个殖民系统的地位非常之高。《吉姆》创作于19世纪与20世纪相交之际，在这个特定的时代，英国与印度的关系变化莫测。对位阅读法让我们进入到殖民的语境来审视这部文学作品，让我们看到了文学作品中反映的真实的具体的历史情况。在《吉姆》中明显的男性力量展示，是一种比喻和象征。对于帝国主义来说，运动和竞争的雄性比喻具有非常重要的意义，展示了男性运动拼搏的意象，它代表了帝国使命的比赛，代表了英国在印度的情报活动，代表了帝国主义的权威计划。在《吉姆》中我们能够看到作者吉卜林对于印度及印度人民的同情，但是同时也能看到他对于英国能够统治印度的信念。萨义德认为这二者之间并不存在矛盾，因为在作者看来，印度最好的命运，就是将自己交给英国统治。对于《吉姆》中体现的帝国主义世界观来说，没有任何遏制因素能够阻止英国对于印度的统治，英国对于印度来说是最好的归宿。作者并未为我们展示殖民者与被殖民者之间的矛盾与冲突，而是在他的作品中消除了二者之间冲突出现的一切可能性。就像吉卜林写道："这些就是那种执法的人。他们熟悉这地方，也熟悉这地方的风土人情。"①这样的句子让读者看到被殖民者对于殖民统治的接受，看到帝国主义对于自己的证明。

　　因此萨义德认为，如果我们不采用对位阅读法来分析这部文学作品，我们只能看到一个可爱小男孩的冒险之旅，只能看到印度的人文和生活，只能把这部作品当作展示印度的世俗人情、种姓制度和多种文化交融的优美画卷。英国的殖民统治拥有着神奇的自证魔法，魔法创造了对于他者对于其自身的认同与赞扬，这些褒奖验证了英国的文明，在这样神奇的魔法下，英国的殖民统治是那么的正确有效，成为被殖民者的最好的归宿。我们并不认为这是作者有意的杜撰和编造，相反这是作者意识形态的真实展现。对于英国统治的价值坚定不移的信念和帝国主义文化支配的加持，让作者为欧洲人和印度人创造了一个想象的印度。《吉姆》中体现了关于印度人的东方学刻板印象，他们从不相信印度人可能有效和严肃地从事着专属于西方人的事业，也无法想象一个脱离了英国控制的印度会是什么样子。与同一时期的欧洲文学作品不同的是，《吉姆》中并没有堕落与灭绝，而是展示了乐观主义和积极的能量，展示了欧洲人移居海外至印度并在印度享受到丰富的生活，这样享受的生活背后是赤裸裸的帝国主义世界观。《吉姆》并不是对于帝国主义的简单辩护，也不是对于印度的天真想象，而是一个伟大的、积累的过程。《吉姆》也不是帝国主义政治的展示手册，而是作者吉卜林对于所热爱的印度的纪念。可以说《吉姆》诞生于印度独立前最后的巅

①吉卜林：《基姆》，周恒译，辽宁教育出版社，1998年版，第83页。

峰时刻，是通往印度独立道路上的一个里程碑。

通过对上述案例的讨论，能够看到萨义德提出的对位阅读法对于文学作品的分析来说意义非凡，如果不采用这种方法来阅读，就会错失抓住帝国主义身影的机会，无法深度探索帝国主义的政治结构和制度。通过上述案例也让我们清晰地看到了文化与帝国主义共谋的过程，文学作品中的叙事权威模式和支撑帝国主义倾向的复杂的意识形态构造之间存在着联系，文化是通过文学作品来帮助帝国主义输出与实施的。参照萨义德对于文学作品的解读方法，本节将试图对《鲁滨孙漂流记》中存在的文化帝国主义进行解读。

英国作家丹尼尔·笛福的长篇小说《鲁滨孙漂流记》是一部典型的殖民话语作品。该书出版于18世纪，在书中作者以鲁滨孙·克鲁索周游世界的视角，将中国与欧洲地区做出对比。鲁滨孙认为中国的建筑与欧洲的宫殿相比不值一提，中国的城市远不如欧洲的城市富裕强大，中国没有鲜艳美丽的服装和富丽堂皇的陈设，也没有强大的军队，只有港口的几只破船，而中国人只是卑劣无知的奴隶。虽然这是小说里鲁滨孙的话语，但是却代表了作者笛福的观点，而笛福的观点是正确的吗，他所描述的是真实的中国吗？在同时代其他欧洲人的眼中，中国又换了一副面貌。比如法国著名哲学家伏尔泰认为中国是世界上最合理的帝国，中国人在道德上是完美的，中国人的思想是一切学问之首。伏尔泰推崇孔子的学说，认为孔子建立的国家学说是以理性和良知为基础的，这在整个世界都是领先的且高尚的。同时期的欧洲人非常喜爱中国的丝绸、陶瓷，将其奉为艺术品，使用中国的物品是高贵身份的象征。笛福笔下的中国与以上描述相差甚远，甚至笛福将中国描述得非常落后与不堪，但是当人们看到笛福的文字时便会认为这就是真实的中国。

从后殖民话语的角度分析，当时的英国已经完成了工业革命，对于英国人来说，中国不仅拥有丰厚的自然资源，还具有巨大的潜在市场，是一个非常适合的殖民地，所以英国对中国产生了殖民扩张的侵略欲望，对中国产生了许多完全虚假的建构，以证明自身的伟大。西方将他者进行虚构和想象，为了自身的利益而建构设置一个现实世界不完全存在的概念，这是西方殖民者价值的投射，也是西方丑陋面貌的投射。在西方殖民者的眼中，欧洲是强大且富足的，中国是弱小且贫瘠的；欧洲人是理性且精确的，中国人是感性且糊涂的。类似的比较方法在西方著作中非常常见。虽然对比的内容不同，但不变的是西方永远代表着文明与高贵，东方永远是野蛮与低贱的，这就是在殖民者与被殖民者之间的话语形式，它在西方的文字中无处不在。这文字与话语的背后体现出来一种关系，可以说是权力关系，也可以说是霸权关系。殖民者拥有了话语支配权，而被殖民者逐渐丧失话语支配权。福柯认为权力是和知识联系的，不建构权力关系就不会有任何知识。殖民话语可以说就是与殖民统治相联系的知识，殖民者拥有了权力就可以操纵话语，权力的运行伴随着话语的渗透，通过此种方法建立属于自己的文化霸权，这些知识通过权力产生又反作用于权力，对权力起到巩固的作用，并使权力不断地合法化。对于殖民者来说，拥有关于某地的知识意味着可以控制和支配某地，让这个地方成为自己的殖民地。知识带来了权力，这种权力虽然不耗费军队与子弹，但却是比暴力争夺更有效且持久的权力。

对于文化帝国主义的运作模式，萨义德做出了总结。萨义德将文化理解为一种权力，这种权力能够让殖民者不花费任何军事的力量就能够改变被殖民者的意识形态。在理解了文化的重要性后，才能理解帝国主义的力量之强、扩散范围之广。帝国主义的意识形态成为一种态度和参照的结构，让帝国主义的思想能够潜移默化地出现于文化作品之中，尤其是小说这类文学作品。当读者在阅读小说中绝美的故事时，帝国主义的身影会在读者的心中生根发芽，逐步从一个思想变成实践再变成现实。对位阅读法的出现让我们能够从被殖民者的视角去阅读理解文学作品，在文本中我们能够发现这巧妙的态度和参照结构，这个结构揭示了一个事实，那就是实现欧洲文化的中心地位的基础是帝国主义。当我们面对这种欧洲中心文化时，我们需要发展出一种同样高度的回应。这种回应的方式就是对帝国主义的逆写，萨义德认为抵抗的策略永远不是简单的拒绝与否定，也不是自我的质疑与责备。被殖民者最有效的抵抗方式就是通过参与进入这种支配他们的文化，理清这些混杂的文化工作并对此进行同一高度的回应。

第三节　文化抵抗思想

萨义德揭示了世界范围内普遍的帝国文化模型，在此基础上，他继续对反抗帝国主义的历史经验进行深入研究。帝国文化模型的作用是建立、开拓和强化帝国，抵抗的历史经验的作用是对帝国文化模型进行牵制和平衡。萨义德致力于分析帝国主义在欧洲文化内部的运作和抵抗在被殖民社会中的运作，提出真正的能够抵抗文化帝国主义的策略。

1　文化抵抗的内涵：真正的抵抗

在著作《文化与帝国主义》中，抵抗成为萨义德论述的一个重要主题。萨义德认为殖民主体和帝国之战的特征是一种辩证的关系，在帝国主义的领域里对帝国主义的抵抗是无所不在的，因为从现实来看，在除了西方的其他区域，白人的到来都引起了一系列的抵抗。萨义德在《东方学》中对此没有进行论述，某种程度上说明了萨义德对于被殖民者的抵抗还存在着疑问与思考。

对于抵抗的各种理论，萨义德首先质疑是否能够将抵抗与反对画上等号。如果抵抗和反对是相同的，那么即默认了在帝国主义话语和被殖民者意识之间进行的战争中，只有拒绝才是抵抗的唯一方法。但是事实并非如此，从后殖民主义理论的角度分析，反对与拒绝并没有成功地抵抗帝国主义主流文化，反而将被殖民者的意识形态限制了，让被殖民者的思想陷入了一个二元对立的漩涡。在这样的情况下，萌发出真正的抵抗是不可能的。萨义德否定了为抵抗与反对画上等号，也否定了将抵抗与权力相联系。这样的观点与福柯产生了分歧，福柯认为哪里存在着权力，那么哪里就可能有抵抗。福柯指出："即使革命者占领了上述的那些权力机构，依然有其他的权力中心去抵抗革命。"①因为帝国的权力一直面对着主动的抵抗形式，并且抵抗有很大的机会赢得胜利，因为抵抗是主动的抵抗，而不是苟且偷生的抵抗或者带有惰性的抵抗。萨义德并不认同福柯关于抵抗的观点，他认为福柯缺少在政治上的投入，关于抵抗的观点只是福柯由于兴趣而提出的，这不是福柯真正的核心思想观点。如果将抵抗与权力画上等号，那么对权力的抵抗就不仅仅是道德层面的抵抗，也不会是中性的抵抗，而是一种带有强烈主观能动性的主动的抵抗。同样，抵抗也不可能既与权力站在对立面，又是一个依从权力的功能，除非我们放弃辩证的观点，到达形而上学的世界，那么以上的所有论述也没有任何存在的意义了。萨义德认为无论一种意识形态或社会系统的支配看起来是多么彻底，在社会经验中，也总有它涵盖不到和控制不到的地方。也就是说，文化帝国主义与霸权虽然无处不在，在各

---

① 米歇尔·福柯：《福柯说权力与话语》，陈怡含编译，华中科技大学出版社，2017年版，第142页。

个领域挥霍着支配的权力，但是抵抗的能力始终存在。这种抵抗的能力将被殖民者重新塑造为一个后殖民的、反帝国主义的主体，这种对自我的再造对于帝国主义的抵抗来说非常重要。

萨义德认为民族主义是抵抗思想中需要摒弃的因素，但不是完全地拒绝民族主义，而是拒绝民族主义向本土主义发展。法农提出的民族主义意识的陷阱带给萨义德启发，他认为法农将这一观点表达得淋漓尽致。弗朗茨·奥玛·法农是反殖民主义和黑人权力运动中具有影响力的思想家之一，也是一名马克思主义者。法农首先对西方殖民主义进行了严厉的批判，他认为被殖民者应该完全拒绝欧洲的文化与价值观，将其彻底地抛弃。尽管这样的想法实践起来非常的困难，但现实是西方殖民者确实通过文化帝国主义来对被殖民者进行支配与控制。萨义德认为法农的作品展现了从去殖民化进程的角度来重新思考历史，萨义德关注的重点也是一种去殖民化的文化。在去殖民化的文化中，种族不再是核心的要素，种族的文化概念也不再是问题的重点，人们的意识将得到解放。萨义德认为人类的解放就意味着人将不可避免地被切割，人的现实被切割为各种不同的文化、历史、传统、社会和种族，这样的切割将人划分为西方人和东方人。所以萨义德认为解放的本质，是自我和他者的统一，并且对此能够清晰地认知。他将解放定义为"一种使社会的意识超越民族的意识的改造"。这也是法农在《大地上受苦的人们》中创造的一种民族文化的角度来讨论的计划，法农认为我们必须要离开旧有的、支配的意识形态，必须要形成一种新的民族文化。他认为从民族主义的独立到解放之间存在着巨大的文化转变。在去殖民化和解放的过程中，重新创造民族的认同和意识非常的重要。如果没有新的社会意识，那么去殖民化的过程仅仅是用一种文化的支配去代替另一种文化的支配，永远无法实现真正的解放。

在法农的影响下，萨义德以黑人性的问题为例论述了民族主义对于文化的阻碍。萨义德认为黑人性是对黑人、非洲文化的歌颂与赞美，黑人性试图去具化一个被殖民之前的非洲的历史。法农不认同这样的做法，他拒绝在这样的历史之上去复兴非洲的文化，认为这样的文化复兴会让非洲走进一个死胡同。法农认为这样的做法会让人们将注意力集中在过去的历史上，将非洲文化的压迫进行种族化，不会带来真正的解放。黑人性虽然是对黑人属性的歌颂，但是却暴露了非洲人的自卑，因为在他们的思想中认为非洲人是低于欧洲人的，所以给自己包装了一个强有力的防御角色，杜绝其他的外来物，只推崇非洲的过去，让对于非洲的现实的再现陷入了二元对立中。萨义德也对这样的种族化问题表示担忧，所以他对于黑人性表示不同程度的拒绝。在《文化与帝国主义》中，萨义德将黑人性描述为一种本土主义现象，并将其和其他反殖民立场联系起来。萨义德认为从殖民者与被殖民者的角度来看，黑人性对二者的强弱进行了评价，并强化了这个区分。追求本质的黑人性是一种形而上学，为了本质化而抛弃了历史。对于萨义德来说，这个问题依然可以从在世性中找到答案，因为本质化意味着放弃了世俗的世界，这种放弃会导致对刻板印象的全盘接受。这种本土主义的本质化也是对历史的放弃，虽然历史的长河中存在着以欧洲为中心的建构，但是它的存在并不是完全没有意义的，对它的审视和分析能够让被殖民者对于帝国主义的抵抗更加有效和精准，在文化抵抗思想中不应该缺少对于它的思考和重建。马克思在谈及英国对于印度的殖民时是这样说的："英国在印度要完成双重的使命，一个是破坏的使命，即消灭旧的亚洲式的社会；另一个是重建的使命，即在亚洲为西方式的社会奠定物质基础。"①尽管马克思的观点中并未提及"文化"二字，但是英国要完成的两大使命都需

①《马克思恩格斯选集》（第1卷），人民出版社，2012年版，第857页。

要依靠殖民者的文化对于被殖民者文化的侵蚀与征服。当被殖民者觉醒并试图对这样的文化侵蚀进行抵抗时，种族和民族的本质化显然不是有效的抵抗策略，这与萨义德的观点相统一。

在探寻文化抵抗奥义的路上，萨义德在进行质疑与否定之后提出了关于文化抵抗的见解。萨义德认为抵抗应该分为两个步骤，也可以说这是去殖民化的两个阶段。第一是恢复地理的领土，第二是改变文化的领土。因此当我们面对殖民时，首先要抵抗土地的侵略，保护本土的领地和家园，进行了第一步的抵抗之后再进行第二步的文化领土的抵抗，我们需要思考意识形态的修正和文化的重构。文化的抵抗不是一个全新的视角，而是充满了殖民的悲哀，因为这是一个再次去发现和修正的抵抗，在一定程度上去修正已经被帝国主义文化所侵蚀的，或者说是被影响和渗透的本土文化。面对已经被渗透的本土文化，萨义德认为有三个可选的方案：第一是做帝国主义自愿的仆从；第二是认识并接受被殖民的历史，但是不让过去的历史去影响未来、阻碍未来；第三是追求一个本质的被殖民之前的自我，摆脱这个被殖民的自我，走向完整的本土主义。第三个方案可以说是一场离开分裂主义的民族主义，能够使被殖民者走向独立。萨义德虽然认同反帝国主义的民族主义，但是他不否认民族主义会带来另一种僵化与极端。为了避免民族主义带来的僵化，可以将这三个方案进行混合使用。这三个方案的联系让萨义德的文化观初露端倪，萨义德认同的文化是一种多元的混杂的文化共同体，这种文化共同体超越了简单的二元对立，拒绝分裂主义，支持包容各种文化、人群和社会的共同体。萨义德认为对帝国主义的抵抗成功后所实现的人类解放就是成为这样的共同体。

在明晰了抵抗的含义后，萨义德提出将文化帝国主义的话语进行改造是一种有效的文化抵抗方式，尤其是将帝国主义与被殖民者文化之间的巨大差异进行改造，改造能防止我们落入封闭的陷阱，能生成真正的抵抗。这种抵抗是萨义德感兴趣并且愿意去分析论述的抵抗，因为这样的抵抗方式从文化的角度来审视是真正具有有效性的。在达到话语改造的目的之前，需要识别出帝国主义文化与被殖民者抵抗之间存在的重叠和交替。在此基础上，萨义德提出了"对位"的概念，对位最早出现在萨义德《关于流亡的省思及其他》一书中，经过萨义德多次的斟酌与思考，在其著作《文化与帝国主义》中对位的含义上升为一种具有方法论意义、提供某种批判性思维和阅读范式的关键词。具体来说，对位代表重读西方经典作品，试图反思那些被西方主流声音所掩盖的、从边缘处发出的声音。这些声音可能扮演了与主流声音共谋的角色，也可能扮演了主流声音的抵抗者与挑战者，但是相同的是这些声音都以不争的方式存在。由于这些声音的存在，才能挑战以西方为中心的帝国主义至高无上的权威。对位概念的提出有助于识别出帝国主义文化与被殖民者抵抗之间存在的重叠和交替，有助于发现实际的文化抵抗。萨义德提出的对位阅读法的关键特征也证明了这一观点，对位阅读法揭示了帝国主义的实施和对帝国主义的抵抗二者是重叠与交错的，是密不可分的。对位阅读法的价值在于让人们察觉到被殖民社会中存在的并且持续运行的权力与抵抗。

2　文化抵抗的方式：对帝国主义的逆写

在文化帝国主义的话语改造的基础上，萨义德提出了从被殖民者的角度对帝国主义进行逆写的文化抵抗方式。对帝国主义的逆写指的是作者从被殖民者的角度，运用殖民者的语言和文学形式进入文学的领域，在文学作品中创造一个不同的文化现实。对帝国主义的逆写是一个在自我和他者之间构建联系的过程。比如恩古吉·瓦·提安哥的《大河两岸》①和塔伊布·萨利赫的《移居北方的时期》②就是对康拉德的《黑暗之心》的逆写，是从被殖民者的视角重写了康拉德的经典。对帝国主义的逆写要求作者打破不同文化之间的屏障和隔阂，有意识地进入殖民者的文化，将殖民者的文化进行混合与改造，让它承认帝国主义的霸权，承认对于被殖民者的侵略与压迫。萨义德将这样的逆写称作"逆向的远行"，是一种强大的抵抗的改造运动。比如阿什克洛夫、格里菲斯和蒂芬的《逆写帝国》和萨尔曼·拉什迪的《午夜之子》等。逆写是有效的文化抵抗的方式，不仅是政治运动不可分割的一个部分，而且还对政治运动进行了指导。通过逆写产生的作品让读者们重新思考和审视殖民者和被殖民者共同拥有的领土和文化，察觉到殖民的支配和文化帝国主义的力量。部分批评家认为萨义德在《文化与帝国主义》中并没有给出抵抗的策略，萨义德只是关注了理论化的作品。这样的批判忽视了抵抗的性质，萨义德的抵抗策略就是对帝国主义的逆写，这种逆写的能力是存在的，无论是殖民者还是被殖民者都拥有为了解放而努力奋斗的潜能。

　　萨义德关于帝国主义逆写的观点深受西方马克思主义的代表人物卢卡奇③的启发。萨义德认为法农所论述的关于暴力的观点也受到了卢卡奇的影响，法农提出的暴力可以理解为试图去克服白人是主体、黑人是客体的观念与实践。暴力引发的"认识论的革命"有着净化的作

①恩古吉·瓦·提安哥是肯尼亚小说家、剧作家、政论家，代表作品包括《孩子，你别哭》《一粒麦种》《血染的花瓣》《十字架上的魔鬼》等，《大河两岸》在2015年由上海文艺出版社出版，蔡临祥译。
②塔伊布·萨利赫是苏丹著名作家，被誉为"阿拉伯小说天才"。小说《移居北方的时期》是塔伊布·萨利赫最著名的作品之一，是阿拉伯文学领域中一部非常重要的涉及东西方文化问题的经典著作。
③格奥尔格·卢卡奇是匈牙利著名的哲学家、文学批评家和共产主义运动的领导者。他一生经历坎坷，著述丰富，思想深邃，是西方马克思主义学者中最值得研究的重要人物之一。

用，能够克服自我与他者的破裂和具化，这和卢卡奇的意识革命起着同样的作用。卢卡奇在《历史与阶级意识》中指出阶级意识是无产阶级的意识形态，因为只有无产阶级的意识才能成为自觉的阶级意识，也只有无产阶级的意识才能真正地超越物化意识成为真正的存在，因为无产阶级的命运和人类社会整个命运有着本质上的一致性。无产阶级的阶级意识是意识革命成功与否的决定性因素，处于核心的地位。只有在斗争中无产阶级才能成长为一个自觉的阶级，只有当无产阶级意识到自己是社会总体的自觉主体时，无产阶级才能够提出科学的总体原则，进而通过总体性的革命来改变物化的世界。法农认为殖民者的暴力和被殖民者的反暴力在特定的关系体系里起到了微妙的平衡作用，殖民者试图剥夺被殖民者的自由，而被殖民者试图消灭殖民者。萨义德认为法农的民族主义不是一种出自暴力的净化力量的简单化的民族主义，正统的民族主义会跟随帝国主义走出同一条道路，表面上看来帝国主义把权力过渡给民族主义，实际上帝国主义通过民族主义继续拓展霸权。我们看到了主体和客体的具化，而法农认为暴力是克服这个具化的心理意志行动。武装斗争需要战略层面的引导，法农提倡的是一种崭新的、非对抗性的、有意识的，并且能够将殖民者和被殖民者统一起来的反帝国主义共同体。对萨义德来说，对帝国主义的逆写是克服这个具化的意志行动。通过逆写的过程，会出现一个崭新的系统，这个系统由各种动态的关系构成，这个系统会替代帝国主义的等级结构。

围绕着对帝国主义逆写的使命，萨义德提出了一系列相关的概念与观点，证明了逆写对于帝国主义抵抗的力量。为了展示在东方学话语存在的情况下，来自殖民地的知识分子通过逆写对文化帝国主义进行的抵抗，萨义德引入了"认同"的概念。在萨义德的立场中，认同的逻辑是以二元对立为基础的，虽然萨义德反对两个概念之间的二元对立，但是他不得不承认认同是通过一个他者化的过程建构起来的，而且所有的文化和社会都是从一种自我和他者的辩证而来的。当认同构建了之后，认同会决定一类人群的组织知识的方式，人群之间的差异是诠释问题。萨义德非常重视认同问题的运作，他认为认同不是静止的，认同是在不同的时代背景下、不同的社会环境下的在个体和制度的竞争中创造出来的，这个竞争的过程中会出现历史、社会或者政治的竞争，认同在这样的竞争中创造出来。因此，外界的参照十分重要，如果不参照外界而来主观地解释关于文化的一切内容都是空谈。萨义德认为人的认同是多重的，多重的认同使人的思想可以超越关于本身的认同，并且萨义德坚信尽管帝国主义的运作从未停止，但是我们可以找到超越本质化的、可以替代本土主义的抵抗方式。萨义德通过对认同的论述向我们展示了在东方学话语存在的情况下，来自殖民地的知识分子通过逆写来抵抗帝国主义。逆写对知识分子来说是一个神奇的过程，这个过程中他们使用欧洲人擅长的关于学术与批判的话术、技巧来正面应对欧洲文化。知识分子通过挪用欧洲的武器来改变各个学科的领地，这样的改变让知识分子获得了原创性。知识分子通过在东方学话语的内部进行操作，否定了西方对于东方的建构，这个否定的过程让知识分子获得了相对立的自我。比如法农站在黑人的视角来推究黑色的非洲，并且让非洲研究能够真正得到西方学术领域的重视。法农独特的身份让他能够站在法国人的角度，重新审视法国的内部，从而提出关于殖民化经验的观点，这就是萨义德所说的逆写，也是逆向的远行。对于萨义德来说，逆写要求我们利用对位阅读法，同时从殖民者与被殖民者的角度去阅读，将文字背后的含义与联系挖掘出来。

除了认同概念的引入，萨义德还提出了文本不是完成品的观点。[①]
萨义德认为文本是一个历史的、动态的过程的结果，文本背后有着特定
的语境，我们要看到文本中存在什么，还要探究文本中可以存在什么。
对帝国主义的逆写要求人们认识到支配者与被支配者的关系，当认识到
其中的关系之后，才能够推翻文本中支配的话语。帝国主义的意识形态
散布至全球，可以说这些经验是普世的、全球化的，我们也可以通过这
些话语将殖民者和被殖民者联系到一起。对于殖民者和被殖民者来说，
殖民经验对于双方都有着重要的影响，殖民经验对于抵抗策略也起着非
常重要的作用。

3 文化抵抗的案例：《巴勒斯坦问题》

1967年的中东战争是萨义德人生的转折点，巴以冲突的爆发改变了
他的一生，让萨义德的身份从大学教授向巴勒斯坦活动家转变。这场战
争之后，萨义德关于自己的认识发生了根本性的转变，这个认识是关于
自己在美国社会中的位置。这些政治事件的发生让萨义德建立了自己作
品中那一系列的在世的认属，也发现对在世性认识与探究的重要性。萨
义德意识到文本存在于生产它们的世界之中，西方的正典存在于帝国主
义的霸权计划中，并在其中有自己的位置。抵抗的思想也渐渐形成在萨
义德的脑海中，抵抗的策略逐渐形成，那就是对于帝国主义的逆写。

萨义德在1967年中东战争后开始了以巴勒斯坦为主题的创作，他
第一部持久的关于巴勒斯坦的作品《巴勒斯坦问题》发表于1979年，这
部作品的目标指向西方世界，特别是在美国的读者面前表达巴勒斯坦的

①张立波：《后现代境遇中的马克思》，民族出版社，2002年版，第240页。

立场。在人们的普遍认知里，阿拉伯人是恐怖分子，是残忍的屠杀无辜百姓的杀手。而萨义德的这次逆写说明了存在一种对阿拉伯人全新的认识，这种认识与人们普遍持有的对阿拉伯人的认识相反；也说明了存在一种作者，试图用与大众认知相反的叙述来将阿拉伯人展示于文字之上。萨义德认为如果我们看到了犹太人对于复国的激烈情感，就能够理解巴勒斯坦人民的痛苦境地。欧洲人和犹太人对以色列有着许多的构想，但是这些构想中从未考虑巴勒斯坦人，所有人都沉浸于犹太人复国主义的激情之中，巴勒斯坦人的苦难却不再可见，甚至巴勒斯坦人也是不可见的。除了犹太人复国主义之外，东方学话语也协同作用于巴勒斯坦人身上。东方学戴着对伊斯兰、阿拉伯人和东方的有色眼镜，宣传着对于他们固有的偏见和根深蒂固的文化态度，这样的东方学让巴勒斯坦人民也陷入了对自己的贬低之中，使自己变得不可见。萨义德逆写的目的是保障巴勒斯坦的持续存在，让巴勒斯坦人民的现实得到承认，不让巴勒斯坦人民放弃自己民族的土地、人权甚至是存在。

在《巴勒斯坦问题》中，萨义德含蓄地将巴勒斯坦构建为东方，将以色列构建为西方。关于认属和否定之间的竞争已经有百年之久，认属和否定之间的竞争见证了欧洲文化的势力与被欧洲文明吞噬的阿拉伯人的竞争。认属和否定之间的竞争也塑造了一段历史，这段历史对于犹太复国主义对巴勒斯坦的要求进行了肯定，对于巴勒斯坦人的要求进行了贬斥。为了对此进行回应，萨义德尝试去转变历史的塑造，将对巴勒斯坦的占领再现为一次殖民占领，这次殖民占领没有伴随着以色列建国而结束，反而成为变本加厉的殖民化进程。萨义德认为，这场殖民化拥有着显而易见的独特特征，它彰显了一次救赎性的占领。在历史的长河中，只有17世纪的清教徒到达美洲才能与这次救赎相比对，拥有着至高无上的地位。这次救赎性的占领成为能够让我们理解历史上的巴勒斯坦被清除的现实的关键。西方的首都城市是以色列建国的场所，也是犹太复国主义浴血奋斗的场所，这个场所并不是中东。在这个场所，巴勒斯坦人的抵抗被忽视，犹太复国主义取得了成功，他们在庆贺成功之果的时候一边斥责英国正在阻碍他们对于巴勒斯坦的日益扩大的浸透。在这个场所，犹太复国主义使用了文明使命，这是一个令人信服的殖民主义战略，这个理由是如此的经典，令人难以反驳。犹太复国主义认为巴勒斯坦大多都是无用之地，巴勒斯坦人大多是"土著"。在大屠杀之后，对于犹太复国主义观点的反驳会被认为与反犹主义结盟。渐渐地，在欧洲人脑海中隐藏的反犹主义开始凸显，对于阿拉伯人的态度也逐渐变得尖锐。马克思说过："他们不能代表自己，一定要别人来代表他们。"①萨义德引用这句话当作《东方学》的题词。对阿拉伯人和巴勒斯坦人来说，他们无法代表自己，甚至是他们被禁止代表自己。萨义德认为犹太复国主义将自己从混乱中及时抽离出来，开始进行对阿拉伯人的描述和再现。犹太复国主义对阿拉伯人再现的主要内容是关于阿拉伯人的实际情况以及区分自己与阿拉伯人，向西方解释东方的阿拉伯人。在他们对东方阿拉伯人的再现中，前提是阿拉伯人是东方人，那么阿拉伯人是凶狠奸诈、恶贯满盈的族群，阿拉伯人永远无法匹及欧洲人和犹太复国主义者。之所以犹太复国主义能够有这样再现的权力，是因为他们有占据空间的能力，这是他们成功的重要原因之一。

随着时间的推移，情况发生了转变。到了19世纪，人们开始用东方学的知识来构建西方，而这东方学的知识原本是为西方服务的，但是却用以对西方的构建；到了当代，人们开始用犹太复国主义的话语来构建西方。之所以出现这样的情况，是因为人们意识到了东方学再现的成

---

① 《马克思恩格斯选集》（第1卷），人民出版社，2012年版，第763页。

功之处。欧洲人和犹太复国主义者对于东方的再现，让巴勒斯坦人不再有能力去表达自己，向世界展示一个真正的巴勒斯坦。这并不是夸张的虚构，而是真实存在的巨大问题。在美国，巴勒斯坦问题被强有力的压制，阿拉伯人被形容为恐怖分子的代表。犹太人对于东方再现在美国展示得淋漓尽致。比如以色列总理梅纳赫姆·贝京已经承认其实他自己就是一名恐怖分子，政治家只是他身上披着的伪善的外衣，这让世人看到了他的政治成就，而忽视了他对于阿拉伯人的暴行和伤害。①

小 结

综上所述，萨义德的后殖民主义文化批判理论呈现出以下几个特征。首先，萨义德的后殖民主义文化批判理论带有强烈的政治色彩，强调了对于帝国主义的质疑与对抗，突出了后殖民主义的批判性。其次，萨义德的后殖民主义文化批判理论在西方学术领域开辟了一个崭新的理论视角——东方主义，为原本被忽视的、边缘化的东方或第三世界发声。最后，萨义德的后殖民主义文化批判理论阐释并消解了以西方为中心的二元对立，试图用去中心化和解构主义来消除欧洲中心主义，开启了该学术领域的研究之路。萨义德作为后殖民主义理论领域的重要学者，其后殖民主义文化批判理论不仅成为后殖民研究的里程碑，还在当代文化思潮的发展过程中留下了重要的启迪。

---

① 比尔·阿什克洛夫，帕尔·阿卢瓦利亚：《导读萨义德》，王立秋译，重庆大学出版社，2019年版，第148页。

第三章　斯皮瓦克的文化解构理论

　　佳亚特里·斯皮瓦克（Gayatri Spivak）1942年出生于印度加尔各答市，父亲与母亲都是知识分子，自小接受智识教育。在斯皮瓦克的成长历程中，她的童年正处于第二次世界大战和殖民主义的转折期，印巴分治与加尔各答的战争与屠杀造成了大批的难民与异教徒，苦难人民的流散成为她对文化差异、碰撞与共处最初的认知。虽然斯皮瓦克的家境普通，但是家人支持她到高等学府求学。斯皮瓦克大学就读于加尔各答大学总统学院，并获得英国文学和孟加拉国文学奖金。①获得学士学位后，斯皮瓦克来到美国康奈尔大学学习比较文学并获得硕士学位。博士求学期间，斯皮瓦克师从著名后结构主义学者保罗·德曼。1967年，斯皮瓦克凭借论文《重塑自我：叶芝的生活与诗歌》获得博士学位，其博士毕业论文也成为她的第一部著作。自此，斯皮瓦克正式开启了她在西方学术界的工作，斯皮瓦克先后于美国衣阿华大学、德克萨斯大学和匹兹堡大学任教。1976年，斯皮瓦克因成功翻译德里达的《论文字学》在学术界崭露头角。此后，斯皮瓦克着眼于后殖民文化批评与政治批评的研究，开始了其涉猎广泛的学术研究之路。斯皮瓦克是继萨义德之后美国最有影响力的后殖民理论家之一，也是后殖民理论思潮的主要代表人

---

① 王晓路：《文化政治与文化批评——斯皮瓦克文学观的解读》，《外国文学》，2004年第5期。

物之一。斯皮瓦克的著作包括《他者的世界》《后殖民批评家》《教育机器之外》等，论文包括《在国际框架里的法国女性主义》《底层人能说话吗》《三个女性文本和一种帝国主义批评》等。斯皮瓦克现任美国哥伦比亚大学阿维龙基金会人文学科讲座教授，比较文学与社会中心主任。①鉴于斯皮瓦克为当代人文社会科学所带来的巨大贡献和重要影响，清华大学聘请斯皮瓦克为外语系客座教授。

北京语言大学的王宁教授曾在《斯皮瓦克和她的后殖民批评理论》中这样评价她："当今的美国乃至整个西方学术理论界和文化研究界，佳亚特里·斯皮瓦克通常被当作其名声仅次于萨义德的当代最有影响，同时也最有争议的一位后殖民地或第三世界知识分子或后殖民批评家。"②斯皮瓦克作为继萨义德之后后殖民主义理论的另一位具有影响力的代表人物，学术领域不可避免地将斯皮瓦克与萨义德进行比较，大部分对比是从理论的系统性和观点的一贯性进行的。萨义德虽然建立了一个能够揭示西方如何了解、控制和统治"非西方"的富有说服力的殖民话语理论，但是没有提供一个有效的政治抵御方案，没有提供一个真实的、唯物主义的、反殖民的历史叙事。斯皮瓦克对萨义德在《东方学》和《文化与帝国主义》中的认知进行了深化和拓展，从认识论根基层面去阐释与批判西方建构的东方学，揭示了殖民逻辑。斯皮瓦克认为欧洲看似进步的历史观和欧洲中心主义底层隐藏了一种认知暴力，这种认知暴力也存在于二元对立的思维方式之中。它由帝国主义的殖民话语向被殖民者实施，通过认知暴力让被殖民者失去了自我表述的系统和结构，失去了自我发展的文化命脉。这样的认识论根基让帝国主义在实施殖民侵略时具有了一种使命感，成为文化帝

---

① 王宁主编：《文学理论前沿（第三辑）》，北京大学出版社，2006年版，第3页。
② 王宁：《斯皮瓦克和她的后殖民批评理论》，《南方文坛》，2001年第3期。

国主义的阵地。斯皮瓦克对于萨义德的超越之处是为后殖民主义提供了一套重要的批判术语和理论框架，影响了后殖民文学批判的方向。

斯皮瓦克对于后殖民主义的研究视角十分独特，论述的理论观点十分具有活力。她试图突破传统后殖民理论的种种限制，敢于对后殖民理论提出质疑。斯皮瓦克吸收了德里达的解构主义和阿尔都塞的结构主义马克思主义，并且将二者与女性主义融合，使她拥有了独特的第三世界女性视域，她的创新不仅拓展了后殖民主义理论的研究视野，也使其自己的后殖民主义理论非常具有特色与价值。斯皮瓦克的学术研究之路是一条复杂但是规律的知识轨迹，这条知识轨迹拥有着独特的理论视角与批判风格。斯皮瓦克首先对解构主义理论进行深刻理解并创造性地运用，其次对女权主义进行研究，从马克思主义视角对资本和国际劳动分工问题进行论述，对帝国主义和殖民话语进行批判，最后转向对民族与种族、迁居者身份和后殖民文化形式等主题的考察。①斯皮瓦克的学术研究路线和知识轨迹得到了国际学术领域的认可与关注，在斯皮瓦克的学术研究路线中，解构主义可以说贯穿了整个过程，成为其知识轨迹的线索。本章试图在梳理与阐释斯皮瓦克解构主义理论的基础上，分析其后殖民话语思想，从而深刻全面地理解斯皮瓦克的后殖民主义理论思想。

第一节　解构主义思想

斯皮瓦克用九年时间翻译的德里达著作《论文字学》被美国学术

①胡友珍，梅然：《后殖民主义理论的中国话语》，《中国农业大学学报》，2010年第2期。

领域高度认可并称之为权威译本，而且这部译本获得了德里达本人的称赞。对德里达《论文字学》的成功翻译不但让斯皮瓦克对解构主义有了深刻的掌握，对后殖民主义有了萌芽的启发，还让她在学术界崭露头角，获得了进入第一世界学术领域的入场券，为她未来的学术研究之路打下了坚实的基础。

1 斯皮瓦克对解构主义思想的创新

1947年8月15日，印度宣告独立，摆脱了英国近两百年的殖民统治。①此时的印度还不能称之为一个独立的国家，只是英国的自治领。直到1950年1月26日，印度宣告成立印度共和国，开启印度现代政治的历史新纪元。印度独立这一重大历史事件并没有带给斯皮瓦克激励与鼓舞，反而带来了些许失落与困惑。由于斯皮瓦克第三世界精英知识分子的身份，她亲身经历了印度与美国在政治、经济与文化等各个领域的巨大落差，了解了第一世界与第三世界对比的天差地别，经历了来自第三世界的现实苦难冲击。面对这些问题，斯皮瓦克一直在困顿之中探寻光明之路。1967年，斯皮瓦克从德里达的《论文字学》中对解构主义产生了解，开启了对《论文字学》的翻译历程，这场长达九年的相遇相知让斯皮瓦克完成了对德里达解构思想的全面理解。从刚刚接触时的晦涩难懂到最终翻译的行云流水，这段学习与蜕变的过程带给斯皮瓦克非常大

---

①1757年普拉西战役标志着英国征服印度的开始。1849年英国殖民者宣布把旁遮普省并入英属印度领地，由印度总督直接统治。旁遮普的被吞并标志着英国完成对印度的征服过程。1947年6月3日，英国公布"蒙巴顿方案"，同意把英属印度按居民宗教信仰分为印度和巴基斯坦两个自治领（巴基斯坦自治领包括现在的巴基斯坦国和孟加拉国）。同年8月14日和15日，巴基斯坦和印度两个自治领分别诞生。1950年1月26日，印度宣布成立共和国。

的影响，帮助斯皮瓦克解开了内心中对于第一世界与第三世界的困惑。

在《论文字学》中，德里达对传统的西方语音中心主义进行了批判，突出了文字的重要性。[1]在传统语言系统的等级划分中，语音处于中心位置，文字处于边缘位置。在语音中心主义的视角下，语言是有限的，它像是一个限制世界版图的边界，划分了人们所能到达的世界最远处。而德里达认为一个单词之所以能成为这个单词，其根本原因是它与其他单词的差异，本体与他者的差异构成了语言的本质，也可以说它构成了世界的本质。德里达认为语音中心主义从某种程度上来说是虚伪的，他对于语音中心主义的颠覆消解了原有的限制。在此基础上，德里达将语音中心主义与逻各斯中心主义相联系，揭示了人们对中心与权威的渴望。语音中心主义被消解后，我们应该勇于质疑其他的中心主义，放眼于人类的历史社会与文化，探究人类历史社会文化的起源与意义。德里达通过对不同中心主义的批判，对西方思想理论中的一系列等级划分进行了质疑。但是，德里达不认为解构主义可以进化成为按照说明书来操作的方法论，因为解构主义所质疑的正是这样的程序。

斯皮瓦克在德里达解构主义的基础上，萌生了对解构主义的新观点。斯皮瓦克认为解构主义是将整个事件的全部面貌展开，把其中的秩序、框架、权威、中心、等级、二元对立等限制全部消解。将事件的全部元素暴露和展现，并与从前做出对比，能够发现这其中的排除、隐藏、扩大等变化，通过这样的过程试图呈现出新的意义，这个意义有无限的可能。解构主义反对与批判的是霸权主义，包括对中心主义、二元对立的反对，试图去揭示被权威与霸权所隐藏的内容，展示出整个事件全部的意义。斯皮瓦克致力于通过解构主义去揭示帝国主义隐藏在文明

---

[1]曾军：《德里达思考汉字的方法》，《东北师范大学学报》，2018年第1期。

外表之下的霸权主义，虽然在第一世界斯皮瓦克获得了学术认可与学术地位，但是她对帝国主义时刻保持谨慎的态度，警惕自己无意中站在了与帝国主义共谋的战队，斯皮瓦克希望真正地做到对帝国主义的反抗与消解。斯皮瓦克的解构主义思想有着明确的政治目的，她试图通过解构主义来解放第三世界的第三世界性，将第三世界从西方帝国主义对其实施的认知与话语的禁锢中解放出来，最终实现整个世界的文化多元主义。在斯皮瓦克所提倡的解构过程中，重新审视固有的认知是重要的前提。人们长期以来固定存在的对于事物的看法已经被贴上了正确的标签，这些看法被放置于固定的地点封存，人们已经习惯性认为这些是正确的看法了。解构的第一步我们要重新去审视这些原有的认知，重新去关注思考事物中的细节，通过这一步人们能够见到事物崭新的一面。其次，我们要揭露并批判事物中存在的由二元对立所建构的等级制度，"对立"与"等级制度"这两个术语存在着支配关系，推翻了等级制度，我们才能去解构对立。经过解构我们能够发现对立的状态并不是自然存在的，而是人们有意识地去建构出来的。在解构的基础上，将已经被完全拆解的事物重新展示，能够看到事物呈现出的原本的崭新面貌。通过这样的解构过程能够消解事物中设定的唯一霸权，还原事物的全部细节与真相。需要强调的是，解构主义并不是将历史与事件拆解为细小的碎片，而是将被建构甚至被粉饰的历史拆解为真实的细节，再将一个个细节与元素还原为新的图画。解构主义对斯皮瓦克来说是一场思想的碰撞与创新，她善于去发现事物中被人们因固有习惯而无视的细节与元素，将其组成新的历史图景。斯皮瓦克在绘制自己思维与理论的图景时，会试图避免第一世界对自己的影响，不想让自己的观点蒙上西方世界的建构。这样的思考模式让斯皮瓦克与第一世界的学术氛围产生了距离，带来了新奇的研究视域，但是也无可避免地让她的理论文字稍显晦涩。这其中的得失无法精确地衡量，但是可以确定的是，斯皮瓦克的理论得到了第一世界的普遍认可与关注，她在后殖民主义理论中的地位也无可替代。

同时，斯皮瓦克的解构思想注重对后殖民主义话语与修辞的分析。在这方面斯皮瓦克深受其博士导师保罗·德曼的影响。保罗·德曼（Paul de Man）是解构主义文学批评家及文学理论家，1919年出生于比利时，1950年获得博士学位，曾任教于康奈尔大学、哈佛大学、约翰·霍普金斯大学及苏黎世大学。保罗·德曼担任过耶鲁大学法语及比较文学系教师，这里是部分解构主义耶鲁学派思想的起源地。保罗·德曼提出了关于解构主义的重要观点，他认为一个真理的陈述实际上是一种转义修辞，哲学真理的叙述是通过对修辞转义的应用或抹拭而形成的，无论是哲学还是文学领域，语言的修辞特点会导致对其的误读。保罗·德曼是首位将解构思想引入文学理论领域的学者，不仅采用了新的方法阐述文本，还对语言学、哲学等领域带来了启发。保罗·德曼在20世纪美国文学领域中占据了一席之地，德里达认为德曼对于当代文学批评作出了巨大贡献，德里达对德曼的评价是他"使得大学内外、美国和欧洲之间的一切通道都重新畅通起来"①。斯皮瓦克在保罗·德曼的基础上拓展了此观点，她认为对修辞的批判削弱了真理的叙述在社会中的作用与影响，哲学话语中对于真理建构的解构有利于挖掘其背后的帝国主义公理。

2　斯皮瓦克对哲学著作的解读

在这样的观点下，斯皮瓦克对欧洲哲学启蒙作品以及欧洲文学作品进行了分析与研究。斯皮瓦克重点关注文字中的转义修辞与文字背后的

---

① 昂智慧：《保尔·德曼、"耶鲁学派"与"解构主义"》，《外国文学》，2003年第6期。

帝国主义主观建构，并对其进行斯皮瓦克式的后殖民主义解构，挖掘其中的后殖民主义话语，揭示其中隐藏的帝国主义侵略与统治的野心与企图。通过对这些作品的解读与阐释，斯皮瓦克在理论实践中形成了极具个人风格的后殖民主义理论。对斯皮瓦克来说，解构主义理论是一把尖锐的武器，而她是手握这把武器的主人，将其进行挥洒自如的应用。斯皮瓦克在各式各样的后殖民文本中观察与审视，运用解构这把武器作为揭示谬误或提出批判的解读手段，但是其解构的目的并不是建立权威真理，也不是要教诲他人如何建立正确的认知。斯皮瓦克将解构阅读的重点放在了文字的细节，通过这样的方式揭示在主要叙事的思想框架内容易被读者忽视的边缘叙事，批判那些固有思维或传统意义上被认定为事实的内容。对斯皮瓦克而言，对于后殖民文本的解读有着重要的意义，她不仅关注对于主流文本的分析，同时还将重点放在对于后殖民文本的修辞和背后体现的政治能动性，并对殖民主流叙事的权威性发出质疑与批判。

在斯皮瓦克对欧洲哲学启蒙作品的研究中，她对康德的《纯粹理性批判》《实践理性批判》与《判断力批判》的解读非常具有代表性。伊曼努尔·康德（Immanuel Kant）是德国哲学家、作家，德国古典哲学创始人，康德的思想对近代西方哲学产生了巨大的影响，开启了德国古典哲学和康德主义等诸多流派，被认为是继苏格拉底、柏拉图和亚里士多德后西方最具影响力的思想家之一。康德的纯粹理性批判是关于人的认识能力的探讨，他认为在认识之前，人应对认识能力、认识工具加以探讨、批判与考察，考察其"范围、条件、限度"，否则就会步入歧途，纯粹理性批判确立的基本原则是人为自然立法，找出人类认知的来源、范围和边界。实践理性批判是对人的欲望、意志能力的探讨，进而引申到了道德领域。道德的意义意味着用自由意志来限制自己的自由意志。

实践理性批判确立的基本原则是人要为自身立法，突出了人的主体性问题，重点强调了人格的尊严和崇高，体现了一种强烈的人文精神。判断力批判是建立在人的情感基础之上的，康德认为情感是认识与道德沟通的桥梁，代表自由的道德法则应该在感性的现实世界中去实现，这个过程中起到中介作用的是反思性判断。

斯皮瓦克首先选择对康德的学说进行解构分析，对于康德的三个批判的解读，斯皮瓦克首先承认了自己之前对其理解上存在局限性与误差，但是这个误读对斯皮瓦克来说是有意而为之的。斯皮瓦克认为纯粹理性批判论述了从理论角度认知自然的理性运作模式；实践理性批判论述了理性意志的运作模式；判断力批判论述了美学批判的运作模式。斯皮瓦克认为在纯粹理性批判与实践理性批判二者中存在着冲突与矛盾，她认为这个矛盾产生于符合道德规范的主体和理性决定结构之间，由于人类无法认知自我，所以符合道德规范。康德试图通过崇高的美学范畴来解决其中的矛盾，在康德的哲学思想中，他认为崇高指的是一种痛苦的感觉，这种痛苦感觉来自于当个人想象面对自然之大时，虽然感受到了自然的惊心动魄，但是却又无以言表，而这种感觉是可以通过人类思想的理性机能去克服的。基于康德对于崇高的理解，崇高可以让人类克服对于未知、无法解释等事物的恐惧，比如"无限""死亡"等概念，崇高的内涵为理想和文明的人类主体提供了一种美学结构。康德为崇高的内涵赋予了文化的意义，在《判断力批判》中他指出只有那些文明的、受过教育的人才有可能做出有关品味和崇高性的判断。而斯皮瓦克对康德的这个观点进行了质疑与批判，她认为康德明显忽视了没有受过教育的那部分人，或者说被认为是非文明的那部分人的权益。康德对于符合道德规范的主体用文化标准来判定，当文明的主体由于认知局限而在面对未知时产生了崇高状态，而那些不属于康德所设定的文化阶层的群体面对同样未知时的状态究竟是什么，这个问题显然被康德忽视。斯皮瓦克认为康德对崇高的理解存在着差异，康德的大部分哲学理论中提及的人类并不是普遍意义上的人类，而是那些在欧洲启蒙时期接受过教育的中产阶级男性，康德的哲学理论中的"没受过正规教育的"这类人主要指的是儿童和穷人，"天然不可教育的"人主要指的是女性。斯皮瓦克通过解构阅读发现康德在《判断力批判》对于崇高的论述中，将澳大利亚的土著或南美火地岛人从自己崇高分析的人类中抹去。斯皮瓦克拆解了康德关于崇高的论述中对"原始人"这一哲学术语的使用，揭示了帝国主义的话语中所谓的"受过教育的文明人"存在着认知的局限性。

斯皮瓦克认为康德的三个批判理论中，对于符合道德规范的主体的定义陷入了欧洲中心主义狭隘的视角，实则是维护和助长了帝国主义的殖民侵略。康德论述的结果证明了只有文明的、受教育的欧洲男性主体可以认知崇高，而其他的主体失去了其文化性能，被抹掉了人文的因素，贬低成为一个无法表现自我的、非理性的他者。斯皮瓦克批判了康德的人类主体定义与其狭隘的欧洲中心主义视角，批判了康德在哲学文本中对西方帝国主义侵略与霸权的事实避而不谈，而是将其殖民侵略美化成文明的使命，这也是斯皮瓦克在后续的其他解构阅读中一直试图揭示与批判的。

3　斯皮瓦克对经典文学的解读

斯皮瓦克不但对欧洲哲学启蒙作品进行解读，还将目光落在了解构主义在文学作品中的应用。通过对文学作品中的后殖民话语解构，斯皮瓦克揭示了其背后隐藏的帝国主义意识形态，比较有代表性的是她对于西方经典文学作品《简·爱》《鲁滨孙漂流记》的解构阅读，此外，她对后殖民文本《藻海无边》《福》《弗兰肯斯坦》等也进行了分析与研究。①

斯皮瓦克在《三个女性的文本与一种帝国主义批评》中论述了帝国主义在英国经典文学作品中植入了殖民意识形态，殖民意识形态不断试图对殖民地发出文明教化的使命，帝国主义的野心与企图隐藏于文字之下，潜移默化地对读者进行着引导与影响。斯皮瓦克以19世纪英国著名的女作家夏洛蒂·勃朗特的代表作《简·爱》为例进行解构，颠覆了读者对于这本著作的固有认知。斯皮瓦克认为《简·爱》出版的时代正处于英国帝国主义文化扩张的阶段，19世纪的大部分英国文学作品都是英国输出文化帝国主义的通道，在文化产业中，文学作品的作用是巨大的，将文化帝国主义潜移默化地实施，甚至在人们毫无察觉的时刻就轻而易举地实现了文化的侵蚀，这就是文化帝国主义的显著特点之一。通过文化这条宽敞明亮的大路，帝国主义可以顺利地到达全世界任何一个地方。文化作为隐藏的武器，无形地影响、改变甚至是消解了当地的文化痕迹，包括本土的意识形态、生活习惯和历史等，进而将本土的文化体系顺理成章地纳入帝国主义的文化与价值体系中。斯皮瓦克迫切地希望能够揭示这一切，所以她选择了著名的英语文学作品《简·爱》来进行解读，并且对其中的文字进行了质疑与批判，试图在人们对《简·爱》原有的认知基础上，通过解构策略重新梳理出隐藏于文字之下的另一幅真实画面。

《简·爱》从内容上讲是一部带有自传色彩的文学作品。以简·爱的人生故事为主线，塑造了一个勇敢坚强、积极向上且敢于抗争的女性形象。简·爱的人生经历非常坎坷，经历了父母双亡后，她被舅母收养

---

① 拉曼·塞尔登等：《当代文学理论导读》，刘象愚译，北京大学出版社，2006年版，第273页。

并遭受舅母长达十年的虐待。舅母将简·爱送到洛伍德学校，学校的生活非常艰苦，但是她坚持下来了。毕业后简·爱成为一名家庭教师，雇主是罗切斯特先生。最初简·爱发现罗切斯特先生性格喜怒无常，但经过一段时间的交往，她了解到罗切斯特的善良、正直与刚毅，他们坠入了爱河。在他们准备结婚前，简·爱痛苦地发现罗切斯特有一个疯狂的妻子，名叫伯莎·安托瓦内特·梅森。简·爱无法接受，虽然伤痛但是毅然决然地离开了。后来简·爱的远亲叔叔约翰·爱病逝，将大笔财产留给了她。简·爱始终无法忘记对罗切斯特的爱，她重回故地，却得知几个月前罗切斯特的疯妻死于纵火案，罗切斯特为了救她而双目受伤。二人重修旧好，走向了婚姻的殿堂，罗切斯特治好了一只眼睛，二人诞育了一个男孩。[①]简·爱的人生故事充满了自强不息，展示了女性对于人类自由幸福的渴望和对更高精神境界的追求。

在这段主角最终获得幸福的美好故事中，斯皮瓦克将注意力放在了罗切斯特的疯妻伯莎·安托瓦内特·梅森身上，并对这个人物的刻画进行了深刻的分析。伯莎是一名牙买加的克里奥人，在《简·爱》中被作者刻画成了一个恐怖的疯子。作者是这样描述伯莎的："它似乎爬行着；它像奇怪的野兽一样，急抓咆哮；但它却穿着衣服，有许多深灰色的头发，像马鬃一般蓬乱，遮住头和脸。"[②]作者用了"它"而不是"她"作为伯莎的指代词，表现了伯莎此时像动物一样疯癫的状态，令人恐惧和憎恶。通过这样的描写让读者忽视了伯莎在法律条文或法律精神之下应有的妻子地位，而只认为她是阁楼里圈养的疯子。如此的描述也侧面展示了罗切斯特对妻子的照顾与包容，博取了读者对于罗切斯

①夏洛蒂·勃朗特：《简·爱》，宋兆霖译，商务印书馆，2017年版。
②朱立元，李均主编：《二十世纪西方文论史（下卷）》，高等教育出版社，2002年版，第612页。

特的同情，让读者从感性上认为与伯莎的婚姻为罗切斯特带来了无尽的苦难，这段艰难的婚姻应该被舍弃，并且罗切斯特无须受到道义与良心的谴责。在这样的家庭关系背景下，简·爱这个角色的进入变得合情合理，她更像是一个能救罗切斯特于水火的女神。在文学作品营造的氛围下，读者完全投入这个爱情故事中，会毫不自知地忽视本应合法的夫妻关系，将简·爱这一坚强可爱的女孩带入故事，甚至迫切地希望有情人能够终成眷属。读者在文字的指引下产生了这样的认知，就是斯皮瓦克试图颠覆和批判的认知暴力。斯皮瓦克把简·里斯的小说《藻海无边》作为《简·爱》的续篇来解读，探讨了《藻海无边》中的后殖民叙事手法。简·里斯由于童年的经历对于伯莎有着强烈的同情，她站在伯莎的角度，用严厉的辞藻对《简·爱》中罗切斯特的殖民叙事进行了反叙事描写。《藻海无边》中一位名叫安东尼特的克里奥白人女孩被罗切斯特强行更名为伯莎·梅森，揭示了帝国主义意识形态的裹挟。在《简·爱》中，伯莎由于疯癫而被削弱了其在法律上妻子地位的合法性，在《藻海无边》中虽然伯莎的法律地位得到了维护，但是她始终为了与罗切斯特的合法婚姻而做出妥协，揭示了作者对帝国主义批判的完整性。斯皮瓦克运用解构主义将两部作品拆解开对比，让我们看到了伯莎年轻时是一位非常美丽端庄的女性，罗切斯特非常地爱慕她，不远千里来到她的家乡与她相爱，并且占有了她的财产。随着时间的流逝，当罗切斯特的爱意慢慢消退，伯莎陷入了困顿并最终走向疯狂，罗切斯特将其放置于阁楼之上将其抛弃。当故事的全部元素被拆解并公布时，这二人的形象将得到完全的颠覆，伯莎不再是一个恐怖的疯傻之人，而是一个被同情的可怜人形象，让人产生救赎她的意愿；罗切斯特不再是一个对疯妻不离不弃细心照顾的家庭主义者，而是一个圆滑花心不负责任的男人。在这样的认知下读者会捍卫伯莎的合法妻子地位，女主角简·爱虽然被刻画成一个性格坚强、独立自主并且积极进取的女性形象，但这无法改变罗切斯特与伯莎的合法夫妻关系事实，无法改变遮蔽二人对于伯莎的伤害，由此帝国主义所细心建构的图景已经成为假象。

将文学作品中的关系带入现实，我们能够发现罗切斯特与简·爱代表第一世界，伯莎代表着第三世界，三人之间的情感纠葛代表了第一世界与第三世界的对立关系。伯莎原本有着自己合法的妻子地位，是一位美丽端庄的女性，罗切斯特占有了她的内心、身体与财富，而后她被建构成为一个疯癫痴狂的女人，本应合法的地位也被无情地剥夺；伯莎代表的第三世界也是如此，通过帝国主义的建构与歪曲成为想象中的"东方"，被贴上了粗鲁、落后、低级的标签，被束缚于帝国主义的牢笼而不自知。帝国主义将代表着第三世界的女性建构成为令人恐惧憎恶的妖魔化形象，用以衬托与对比代表着第一世界的女性高雅美丽、独立自主、智慧清醒。伯莎最后的结局走向了极致的悲哀，为了罗切斯特的幸福她选择牺牲自己的幸福，被作者建构成了为丈夫而自我牺牲的好妻子形象。这样的结局代表了第一世界对于第三世界人民的期待，期待着他们不仅成为自己意识形态的附属品，还要将自己最后的价值奉献于第一世界，这样才能被第一世界冠以优秀的称号。这样的映射侧面反映了如果第三世界人民再继续懵懂无知下去，不知质疑不敢反抗，最终只能沦为第一世界的牺牲品。斯皮瓦克将自己独特的解构思维方式实践于著作《简·爱》，通过对其人物与内容的解构，颠覆了人们普遍对于《简·爱》的解读和认知，揭示了帝国主义虚伪的建构，挑战与颠覆了主流殖民话语的权威，重新展示了一个真实的伯莎与罗切斯特形象，打击了帝国主义通过文化来侵蚀第三世界的企图，引起了第三世界读者的深刻思考。斯皮瓦克通过对《简·爱》与《藻海无边》的对比，将后殖民文学文本批判与后殖民属下批评联系起来，表现了其对帝国主义意识形态的强烈谴责。

4　斯皮瓦克对马克思主义理论的解读

科林·麦克卡贝将斯皮瓦克的身份定义为"一位女权主义马克思主义解构主义者"①，证明了马克思主义理论对于斯皮瓦克的重要性。斯皮瓦克面对全球资本主义飞速发展的现状，忧心于第三世界的重重债务和国际劳动的残酷分工，在这样的背景下，斯皮瓦克使用解构方法对马克思主义理论展开了全面的研究与解读，其重点研究的著作包括《解读马克思的思考：解读德里达之后》《有关价值问题的几点思考》《德里达对马克思理论的局限性和突破口的批评》等。

斯皮瓦克在揭露帝国主义危机控制模式和科技进步之间的关系时，从第三世界的角度解读了马克思的劳动价值理论。马克思的劳动价值理论是在古典政治经济学论证的基础上通过批判而发展起来的，包括抽象劳动创造价值的原理、社会必要劳动时间决定价值量的原理等。在《资本论》中，马克思从异化劳动转向生产劳动。与古典经济学派从价值研究开始不同，马克思的研究是从商品开始的，并从商品的二重性引出劳动的二重性，揭示了价值的真正来源是无差别的人类一般劳动。马克思区分了劳动和劳动力概念。劳动力商品的独特属性在于它的使用价值即劳动本身就是价值增殖的真正源泉。②马克思进一步揭示了剩余价值的来源，说明资本主义生产过程是劳动过程和价值增殖过程的统一。马克思劳动价值理论最大的创新在于"劳动的二重性"理论，马克思对劳动进行了区分，将生产商品的劳动区分为具体劳动和抽象劳动，分别创造或决定使用价值和价值；将劳动者生产商品价值的劳动分为必要劳动和剩

---

① 李应志：《解构的文化政治——斯皮瓦克后殖民批评综述》，《国外理论动态》，2005年第11期。
② 《马克思恩格斯文集》（第5卷），人民出版社，2009年版，第195页。

余劳动，分别创造劳动者的工资即劳动力价值和剩余价值；将生产商品的劳动认定为既是具有社会属性的社会劳动，又是具有私人属性的私人劳动。只有通过交换，私人劳动才能转化为社会劳动；将社会各个部门的劳动分为生产性劳动和非生产性劳动。马克思主义的劳动价值理论揭示了商品生产、商品交换和市场经济发展的一般规律。

斯皮瓦克认为当代资本主义的剥削形式已经发生了变化，它将目光落在了劳动力群体。由于劳动力群体对地理、文化和经济利用的不同，所以无法形成具有冲击力的组织，也无法建构统一的话语。在这样的语境下，资本主义存在着更为隐蔽的剥削形式与危机控制方式。这种隐蔽的剥削方式利用了科技的发展与进步进而打造文化的优越性，以信息技术为代表的高科技飞速发展，模糊了人们对于社会财富的认知，让人们忽略了社会财富生产的源头，这被德里达称为"眼睛的专制"①。在马克思主义理论的劳动价值理论和国际分工理论的科学引导下，斯皮瓦克认为帝国主义危机控制存在着一个前提，那就是由第三世界工人廉价劳动生产的绝对剩余价值，特别是第三世界女性在其父权文化的压榨下进行的劳动生产。进步的科学技术为当代资本主义打开一条通道，通向的重点依然是资本主义对第三世界国家的侵略与霸权。当第三世界国家开始对抗，当第三世界人民开始觉醒，二者之间的斗争正式开始。当第三世界国家终于摆脱了殖民主义，赢得了本土国家与民族的独立，但是他们依然生活在殖民主义的笼罩之下。斯皮瓦克将获得独立的第三世界国家劳动群体称为"属下"，属下阶层没有话语的权力，甚至不能发出声音，只能被再现和建构。斯皮瓦克的学术轨迹将转向对于属下思想的研究，试图为第三世界的弱势群体发声。

---

① 高建民：《马克思遭遇后殖民主义——一种学术史的批判性考察》，《哲学动态》，2021年第11期。

第二节 属下思想

斯皮瓦克长期生活在第一世界，对于欧洲中心主义有着切身的体会与感悟。在欧洲中心主义的世界里，第一世界成了判断事物的标准，比如按照与欧洲的亲缘关系远近来区分亚洲与非洲，既是可笑的也是可悲的。斯皮瓦克的解构观点贯穿了她的学术研究过程，在进行对第一世界女性主义的质疑与批判时，她提出了学术生涯的一个重要概念"属下"。

1 斯皮瓦克对属下概念的拓展

属下一词在词典中的解释是次要的、部下等含义。20世纪初，葛兰西在《狱中札记》中使用了"subaltern"一词，该词意指"属下"和"下层"，有学者将其翻译为"庶民"或者"底层"。在《狱中札记》中，葛兰西没有为"subaltern"做出完整的概念界定，所以为后续的研究者留出了非常大的理论研究空间。由于底层阶级其本身具有的复杂性，葛兰西在论述阶级斗争时在政治压力之下使用了"属下"代替马克思"无产阶级"的概念。葛兰西对属下一词的运用充满了艺术性和智慧性，属下阶层不是从社会结构上划分的底层，而是从领导权和国别化的马克思主义革命实践的意义上论述的底层。属下的划分不同于等级话语和阶层话语，因此属下不只包括工人阶级，还包括农民阶级、底层的有机知识分子、无产阶级革命中可依赖的其他被压迫者、具有抗争潜在意志的其他社会群体等。葛兰西的"属下"概念与马克思的"无产阶级"概念并不完全相同，他们的区别在于葛兰西为属下这一群体增加了意识或历史等方面的文化特性，但是他们没有清醒的意识水平和明确的政治觉悟，而无产阶级侧重于强调这一群体鲜明的主体意识、强烈的社会组织性和明确的政治历史感。从经济层面上来说，无产阶级有经济关系上明确的定位，而属下没有经济上的阐释，具有较强的灵活性。葛兰西使用属下一词的原因是他认为意大利乡村农民在全国人口数量上占有较大比例，想要谋求解放就必须依靠和城市工人阶级的联盟。除此之外，属下一词包含了葛兰西对底层的隐喻式和模糊式表达，展示了葛兰西精心设计的写作技巧，并以此躲避了意大利的审查制度。

葛兰西的"属下"概念被"印度属下研究小组"（Subaltern Studies Collective）使用和延续。印度属下研究小组由印度本土的、旅居英国和美国并受过西方的高等教育的优秀马克思主义历史学者组成，包括古哈、查特伊、查克拉巴提、阿诺德、哈德曼、阿明与潘迪等。古哈在《属下研究选集》（Selected Subaltern Studies）中提到印度属下研究小组将属下概念应用于学术研究中，大多涉及南亚地区，目的是纠正精英知识分子的偏见。在这个语境下属下概念指的是南亚社会中存在的从属群体的一般性特征，包括阶级、种姓、年龄、性别、职务和任何其他领域中存在的受压制群体。[1]印度属下研究小组认为印度获得独立与解放之后，社会中的乡村农民、工人阶级和贱民阶层并没有改变其命运，他们代表的阶层继续遭受压迫。对于印度以上阶层的描述可以借鉴葛兰西对于意大利乡村农民所受压迫的观点。印度属下研究小组将葛兰西对属下阶层增加的文化上"顺从性"进行强调，并将其扩展到印度特定的环境中，用以涵盖除农民之外的更多群体。印度属下研究小组的

---

[1]Guha,Ranajit.Subaltern Studies I:Writings on South Asian History and Society.Delhi:Oxford University Press,1982.

目的是开展印度属下历史研究，重新编写在英国殖民期间的印度属下运动历史。属下研究历史学家们试图从农民运动的历史角度，通过后殖民研究手段，解读被掩盖的属下历史事实，揭示长期被忽视的属下历史。斯皮瓦克发现自己想要实现的后殖民主义理论目的与印度属下研究小组的研究目的不谋而合，加上双方拥有相同的印度背景，斯皮瓦克很快加入了印度属下研究小组，合作出版了《属下研究——解构历史编撰》。斯皮瓦克关于属下研究的代表文章有《萨穆尔的王妃》《属下能发言吗》《三个女性的文本与一个帝国主义的批评》等。斯皮瓦克通过自己的独特性视角对于属下的相关理论提出了许多重要观点，对属下研究作出了巨大的贡献。

斯皮瓦克将属下概念用于后殖民主义的研究，并通过自身的独特性视角对属下思想做出了新的解释和拓展。斯皮瓦克指出属下阶层不但无法开口、不能说话，而且他们毫无话语权。她批判了法国后结构主义者理论上的缺陷，认为这一理论学派忽视了思想形态的巨大作用，所以他们未能阐述第三世界在经济、政治之外的文化地位的缺失，无法认知西方资本主义生产方式中藏匿至深的霸权，更无法揭露其对于工人的意识形态的侵略。斯皮瓦克从后殖民主义理论的视角，提出了属下阶层缺失话语权的观点，论述了属下阶层除了在经济与政治领域从属于统治阶层，在文化层面同样处于被控制和压迫的位置。斯皮瓦克通过对"属下"概念的阐释和延伸，揭示了这群无声的群体被压制的处境，论述了第一世界对第三世界的侵略。在此基础上，斯皮瓦克研究了第三世界内部的阶级划分，她指出在第三世界内部并不是平等的阶级，其中资产阶级、特权阶级、属下阶级等依然存在，同时存在的还有第一世界的拥护者和代言人，而属下阶级的位置并未改变，仍然身处最底层。

2　斯皮瓦克对典型欧洲文本的解读

对于属下阶层的从属位置，以及其无法开口、不能说话、毫无话语权的特点，斯皮瓦克选择了一个典型的欧洲文本进行解构，那就是"法国斯特拉斯堡欧洲议会"。斯皮瓦克通过解构手段，比如拆解句子、翻译含义和重组词汇等，将那些原本含糊不清且隐藏深意的内涵进行还原与揭示，目的是揭露帝国主义所建构的文明表象与属下阶层无法开口的真实状况。在这次会议上，援助孟加拉国兴建防洪设施的议题得到了各界人士的充分交流，其中包括孟加拉国各阶层人士。孟加拉国是世界上不发达的国家之一，经济发展水平较低，地域偏小，地貌上由于河流的影响不断被重新界定。在会议上该国人员指出孟加拉国在1987年发生了一场大洪水，这次水灾对国家造成了极大的破坏，孟加拉国的防洪问题是急需关注与解决的，他们希望得到欧洲国家的帮助与支持。基于这样的背景，法国名正言顺地提交了解决方案即二十五号防洪计划，计划帮助孟加拉国去修建大型堤岸，以此来控制和阻拦河流对于孟加拉国国土的侵害。这次会议的举办与最终达成的共识似乎十分顺利与成功，展示了欧洲国家的文明与善意，他们愿意听取第三世界国家代表的发言，接受第三世界国家的请求，积极地帮助第三世界国家解决所面临的困难。

斯皮瓦克并不这样认为，她通过解构主义的手段拆解了这个充满文明与善意的故事，揭示了此事件中存在的漏洞与矛盾。斯皮瓦克指出议会的主办方"自认为他们有责任重新找回作为地球人过去所放弃的责任，自认为代表着那些重新唤起了这些责任感的人，代表了终于拥有完整人格的人"[1]。首先，斯皮瓦克质疑进入会议并发言的孟加拉国代表

---

[1]斯皮瓦克：《从解构到全球化批判：斯皮瓦克读本》，陈永国等主编，北京大学出版社，2007年版，第260页。

的身份，如何证明这位孟加拉国代表能真正地代表人民的想法，如果他没有代表人民真正的想法，那么他是出于什么样的意图来进行了本次发言。参会的代表看似代表最广大人民的利益，他们心地善良、受过良好的教育并且非常愿意对人民伸出援助之手，但是这表面的现象是不是真实的情况还需要深入地探究。其次，斯皮瓦克批判了此次会议的主办者——欧洲国家，主办方为了特定的利益而按照自己的意识形态来定制议会框架，牢牢地把持着本次议会的所有流程与细节，一丝不苟地审视所有发言者与其陈述内容，如果哪个细节不符合其制定的"欧洲标准"，那么这个细节必然已经被提前制止并不会出现在此次议会上。这样刻板的规定让整个会议变成了一场有剧本、有导演、有演员的戏剧，会议进行的各个过程都像是按照剧本演绎的场别，其中欧洲国家扮演了倾听孟加拉国发言者诉说的角色，孟加拉国代表则是"一出老套戏里拙劣的表演者"[1]。参与这次会议的发言者的身份令人费解，这个发言者来自孟加拉国，但是值得质疑的是他属于中产阶级，地位是农民的党派领袖。所以这个发言者并不是真正被孟加拉国洪水所侵害的人，发言者并没有近距离地真正感受过洪水的威力，而真正需要面对洪水的农民和渔民却无法发声。在真实的孟加拉国，洪水并不是凶猛的怪兽，反而已经与国家和平共处。孟加拉国洪水对于地貌的切割作用形成了三角洲，经历洪水的洗礼后留下的水藻对孟加拉国的农民来说是天然的肥料，河水的川流不息提供了孟加拉国底层人民重要的蛋白质来源。智慧的底层人民已经知晓了如何应对洪水，并且将洪水的破坏转变为受益，可以说洪水已经成为他们生活中的一部分，甚至已经成为牢记于人们脑海中的民族记忆了。现实的世界与会议中发言者提出的孟加拉国洪水灾难迫在眉睫形成

---

[1]斯皮瓦克：《从解构到全球化批判：斯皮瓦克读本》，陈永国等主编，北京大学出版社，2007年版，第269页。

了鲜明的对比，发言者为何要虚构这样的问题并在会议上提出，斯皮瓦克认为这名发言者已进入了欧洲国家所设定的框架，站在了与其共谋的立场。欧洲国家只是为了自己的利益而对孟加拉国洪水问题予以热心的援助，并不是出于对孟加拉国人民真正的关心。

斯皮瓦克通过解构主义拆解了这个表面文明的故事，进而对孟加拉国洪水问题真正的面貌做了还原。欧洲国家意图在孟加拉国营修的堤坝好似一场有形的殖民侵略与文化帝国主义，将孟加拉国的意识形态完全掌控并放置于隶属欧洲的框架中。在这样的情况下，这座大坝好像欧洲的秩序，横在孟加拉国人民与河流之间，让人民再也无法享受由洪水带来的收益。与其说这座防洪堤坝是为孟加拉国人民所营修，不如说这是为了满足欧洲国家的想法。由于孟加拉国财力有限，无法独力承担建设堤坝所需的巨额款项，所以必须向欧洲国家寻求资金的援助，一步一步沦为债务国，孟加拉国根本没有选择的权力。欧洲国家的资金援助对于孟加拉国来说像是无法拒绝的"强制借贷"，让原本自由无压的国家变成了背负巨额借款的债务国。孟加拉国人民不仅失去了原本洪水带来的福泽，也无法得到由于建设堤坝而得到的收益，但是悲哀的是由于巨额资金的借贷而引发的所有风险必须由孟加拉国独自承担。斯皮瓦克尖锐地指出"富裕国家都听到心底的呼唤，携手帮助穷国，为他们提供技术和资金"的善举，"是以这个国家的前途作为抵押的"[①]。除了对经济命脉的控制，欧洲国家也是规则与秩序的制定者，掌握了政治的动向与文化的价值。在整个建设堤坝的过程中，孟加拉国像是一个局外人，丝毫没有任何的权力去参与此事件，本应是事件的主体却不断地被边缘化。通过斯皮瓦克的拆解与重组，揭示了此事件的真实情况：欧洲国家组织

①斯皮瓦克：《从解构到全球化批判：斯皮瓦克读本》，陈永国等主编，北京大学出版社，2007年版，第264页。

协调了这次孟加拉国洪水问题议会，中心议题是援助孟加拉国底层人民防治洪水，发言者是孟加拉国中产阶级代表，而真正的孟加拉国底层人民却被摒弃并且无法发出声音。孟加拉国底层人民在政治、经济、文化等层面被控制，大部分规划、秩序与利益都与他们无关，但是孟加拉国人民无法意识到这种谎言与压迫，他们被表面文明与善意的故事欺骗，无法探究自身真实的境况，更无法发出自己真正的声音。斯皮瓦克通过对法国斯特拉斯堡欧洲议会的解构与重组，论述了属下阶层的弱势地位和他们无法为自己发声的真实境况，揭示了第一世界对第三世界的压迫，也揭示了第三世界其他阶层对于属下阶层的压迫。

第三节　女性主义思想

回顾漫长的人类社会历史，人权曾经是只属于男性的权力，而不包含女性的权力。1791年法国大革命时期的女性领袖奥兰普·德古热发表了《女权与女公民权宣言》（或称《女权宣言》），为女性主义运动拉开序幕。[1]《女权与女公民权宣言》指出女性生来就是自由人，拥有和男人平等的权利。女权运动就是在这样的背景下萌生的，目的是推动女性权利从边缘进入主流，使女性权利成为整个人权的重要内容。随着女权运动的进行，女性主义批评作为一种文本批评或话语批评渐渐进入学术领域。法国女性主义思想家西蒙娜·德·波伏娃（Simone de Beauvoir）于1949年提出"人造女性"的概念，波伏娃认为女性的形象是被人为建构出来的。面对女性被压迫的现状，波伏娃提出质疑："当下人们不太清楚，女人是否还

---

[1]西慧玲：《西方女性主义与中国女作家批评》，上海社会科学院出版社，2003年版，第1页。

存在，是否将来会始终存在，是否应该希望她们存在，女人在这个世界上占据什么位置，女人本应在世界上占据什么位置。"①1960年西方政治环境动荡不安，在这样的时期出现一批女性主义批评家，开始关注大众传媒通过与父权制"合谋"建构出软弱无能的女性弱者形象。斯皮瓦克本人是一名女性学者，在女性主义研究的领域中，她的第三世界身份稍显特殊。在著名的女性学者中，绝大部分来自于第一世界的学术领域，而斯皮瓦克与前者相比增加了更为深刻的人生体验和更为丰富的学术视角。斯皮瓦克特殊的身份除了为她带来创造性的学术成就，同时也带来了巨大的压力，这份压力不仅来自男性群体，还来自于第一世界女性群体。巨大的压力没有成为斯皮瓦克学术研究的障碍，而是成为多重元素叠加的驱动力，让她找到了后殖民主义框架下独特的女性维度，找到了二者相联系的纽带，提出了属于斯皮瓦克的理论观点。但是无论观点如何延伸与创新，斯皮瓦克依然没有改变解构的思想与方法，通过解构来展现真实图景，还原被抹去的痕迹，挖掘事物的本质，消解二元对立。

1　女性主义思想的萌生

从马克思的"无产阶级"到葛兰西的"属下"再到印度属下研究小组对"属下"概念的应用，以上研究所重点关注的阶层始终是男性，或者说他们忽视了男性群体与女性群体的差异性。虽然属下研究小组拓展了葛兰西的属下概念，但是斯皮瓦克认为这并没有摆脱男性研究视角，依然认为男性属下主体是社会变革的主要力量，忽视了印度社会传统的性别差异，忽视了印度妇女的生活和斗争，没有让妇女属下有发言的机

①西蒙娜·德·波伏瓦：《第二性Ⅰ》，郑克鲁译，上海译文出版社，2011年版，第5页。

会。斯皮瓦克在属下思想的基础上提出了女性主义思想，阐述妇女及妇女的斗争与经验，其中包括中上阶级妇女、农民阶层妇女和下层阶级妇女等。除此之外，斯皮瓦克对于一直被忽视的女性群体进行了关注与研究，并将女性维度带入了后殖民主义的框架之中。

斯皮瓦克分析了后殖民主义与女性主义的区别。后殖民主义来自于身处第一世界的第三世界知识分子，是第三世界知识分子来到第一世界后产生的理论研究，确切地说是第一世界学者与第三世界学者之间发生的碰撞。但是女性主义是第一世界学者对第三世界女性的审视与评判，这种审视与评判并没有以事实为前提，第一世界的学者甚至自以为是地认为第三世界女性就是他们脑海中想象与认知的那样，凭借着自己的经验随意地歪曲与建构她们。来自第一世界的部分学者夺取了女性研究的话语权力，发表了一系列不以事实为依据的女性主义理论，试图去拯救他们认知中的被压迫的女性。这样的学术行为造成了更加恶性的后果，来自第一世界学者女性研究的学术成果成为这个方向的判断标准，迫使其他的相关研究者只能依据他们的学术话语来进行自己的研究。来自第一世界的女性主义学者高举让全世界女性解放独立的旗帜，但事实上这样的宣言并未起到如此高尚的作用，反而成为第三世界女性的桎梏，引导她们进入新的约束中。第三世界女性不仅要面对来自于男性世界的压制，还需要面对来自于第一世界女性世界的双重压迫和钳制，第三世界女性的独立与解放之路变得愈加坎坷与艰难。第一世界女性经验本身就是一种错误的建构，第三世界女性如果将希望寄托于这部分经验，试图用以摆脱男性世界的压迫，那么最终的结果是显而易见的。这样的方式只能让第三世界女性从一种压迫转移到另一种更为隐蔽的压迫之下。面对第三世界女性如此的境况，斯皮瓦克将关注的重点放在了属下阶层的女性群体，关注属下女性话语的问题，将女性维度引入了后殖民主义的研究之中，试图帮助第三世界女性摆脱"属下"阶层的桎梏，赢取说话的权利。

2 对第一世界女性的批判

斯皮瓦克在属下思想中增加了对于西方女性的白人中心主义的批判。斯皮瓦克对于女性主义大胆地提出了质疑："我逐渐发现在美国的确有一块属于女性主义学者的领地，我们称其为'国际女性主义'。这种女性主义的范围通常被界定在英国、法国、西德、意大利以及第三世界里美国最感兴趣的那部分——拉丁美洲。当人们试图从更广的范围去看第三世界的妇女时，她们就会发现自己被一张信息网所缚。"①斯皮瓦克在《在国际框架里的法国女性主义》中指出了国际女性主义的缺陷，即国际女性主义是由第一世界的学者制定的，人们无法真正地看见第三世界妇女的现状，也无法听见第三世界妇女的声音。女性主义的学术研究并不是一片自由的海洋，在这个学术领域中第一世界的女性学者掌握着主导权与统治权，第三世界的女性学者无法脱离这个束缚的框架，无法发出真正的声音。由于帝国主义对于第三世界的长久侵略与统治，让第三世界国家在获得解放与独立后，仍然留存了许多来自帝国主义的束缚和桎梏。第三世界女性身体与思想的解放需要被关注和重视，但是现实中第三世界的女性境况并没有得到重视，大部分第一世界女性学者对此秉持着冷峻的态度，并且没有切身地感受到真实的第三世界，没有走进第三世界女性的内心。第一世界女性与第三世界女性虽然有着共同的理想，但是她们并没有处于同样的位置与立场，二者之间隔阂巨大。斯皮瓦克对此现象进行了深刻研究，尤其是对

---

①张京媛：《后殖民理论与文化批评》，北京大学出版社，1999年版，第78页。

克里斯蒂娃在中国进行演讲的事件进行了批判。朱莉娅·克里斯蒂娃（Julia Kristeva）是法国巴黎第七大学教授，她的学术创造力旺盛，笔耕不辍，成就卓越，著作等身，在语言学、符号学、哲学、文学理论、精神分析学、小说创作等领域都有重要建树，同时作为法国先锋文学杂志《原样》的编辑和主笔，她驾轻就熟地游走于学术圈的权力核心，引领着思想潮流。[①]斯皮瓦克尖锐地指出当克里斯蒂娃在台上演讲时，坐在台下的观众十分沉默，台上与台下仿佛是身处两个世界的人，观众对于演讲者来说是遥远的存在。克里斯蒂娃的身份并不用怀疑，她是一位知名的女性主义学者，但是其学者的身份并未让克里斯蒂娃做出客观的研究。从克里斯蒂娃的著作《中国妇女》中可见她并没有切身地考察当代中国妇女的境况，没有真正地理解中国妇女的思想，没有依照证据考察历史上真实的中国女性形象，这显然是荒诞且有失公平的。[②]斯皮瓦克认为克里斯蒂娃在其著作中依照个人的想法与观点去描写和建构历史上的中国妇女，可以说她关于中国妇女的学术研究存在主观判断。

对于如何摆脱女性主义的建构问题，斯皮瓦克提出第一世界的女性主义者需要放弃自身的女性优越感。对于第一世界的女性主义者来说，这种优越感可能是先天生成的，可能是不自知的，它伴随着第一世界的女性主义者的思考与研究过程，将第一世界的女性主义者的身份放置于云端，将第一世界的女性主义者的视角抬入了天际，阻碍了她们与第三世界女性真正的沟通与用心的了解。这种优越感也成为第一世界的女性主义者的禁锢，让她们困顿于固有的欧洲女性经验中而不自知，在她们

---

①朱莉娅·克里斯蒂娃：《主体·互文·精神分析：克里斯蒂娃复旦大学演讲稿》，祝克懿、黄蓓译，生活·读书·新知三联书店，2016年版，第1页。
②李平：《策略本质主义述评——后现代女性主义的"阿里阿德涅之线"》，《中国人民大学学报》，2008年第1期。

面对第三世界女性问题时无形地被它影响，以高高在上的姿态沉浸于救世者的身份中，没有考虑真正地实践于第三世界女性身上带来的客观结果。从后殖民主义的角度来看，第一世界女性主义者为帝国主义所建构的东方主义而迷惑，以虚幻的认知作为学术研究的背景，如同建造于空中的楼阁，并且她们不自觉地站入了帝国主义霸权的阵营，并没有反对与抵抗帝国主义霸权甚至男权的统治，而是陷入了他们布置的迷惑中。斯皮瓦克基于这样的分析，指出第一世界女性学者必须放下心中属于欧洲白种人的优越感，真实地投入对帝国主义霸权的反抗中。

大部分西方女性主义学者在对英国女作家夏洛蒂·勃朗特的《简·爱》解读中，都将简·爱比喻为男性世界中的天使，而将伯莎比喻为男性世界中的恶魔，两位女性成为男性世界中女性的两个人格。这种对于女性的比喻甚至歪曲与抹黑，带有将女性物化为男性所属的意味，女性不是独立的人格，而是在男性视角中的幻影。斯皮瓦克通过解构伯莎这个角色而揭示了第三世界的土著女性面对文明社会时遭到摒弃，这不仅仅是第三世界女性所面对的，也是整个第三世界所携带的属性。斯皮瓦克认为作者将伯莎描写成恐怖的野蛮形象，侧面衬托女主角简·爱端庄的美丽形象，通过对简·爱与伯莎二者的对比暗示了第一世界天使女性的形象与第三世界魔鬼女性的形象。除了对角色的解构，斯皮瓦克还通过对《藻海无边》内容的解构批判了《简·爱》中简·爱与罗切斯特先生之间发生的爱情故事。这段剧情看似充满着浪漫情怀与高尚品质，但是当伯莎角色被全面解构后，这段爱情故事充满了非法的侵犯与虚伪的人格。伯莎的思想、身体、话语、财富被罗切斯特一步步占有，情感被罗切斯特伤害。当简·爱进入二人的家庭后，由于主角的光环，简·爱的非法身份开始转变。在跌宕起伏的情节推进下，简·爱最终获得了合法的妻子身份与高尚的家庭地位。这样的情节揭示了伯莎所受到的双重压迫，一方来自于男性的压迫，另一方来自于帝国主义女性的压迫。作者为了让简·爱与罗切斯特的爱情故事符合道德的标准与法律的规定，将简·爱塑造成为一个独立自主、坚强可爱的女性形象，将伯莎歪曲成一个疯癫痴狂的恶魔，将原本《藻海无边》中那个同样美丽聪慧的伯莎抹掉而重新建构。帝国主义与第一世界女性看似对立的两个阵营，但是在对待第三世界女性的态度上，二者竟然保持着雷同的态度。第一世界女性成为自己所批判攻击的对象，成为帝国主义霸权的同谋。在帝国主义的话语笼罩下，第三世界女性无法自我表述，对于抹黑与歪曲甚至无法抵抗，她们成为反面的案例，不断地被使用来证明第一世界女性优越的身份与文明的背景。斯皮瓦克批判了西方女性学者的女性救助者身份，指出了她们口中的"姐妹情谊"口号的虚伪。

3　对第三世界男性的批判

斯皮瓦克认为第三世界的女性的身份受到了多重压迫：第一，她们的第三世界属性被帝国主义不断侵略与霸权；第二，她们的女性属性被第三世界的男性不断压制与奴役；第三，她们的第三世界女性形象被第一世界的女性建构与歪曲。以上多种压迫重重层叠，对第三世界底层女性实施禁锢与统治。斯皮瓦克在论述了第三道压迫之后，对第二道压迫进行了批判。

"萨提"是古印度传承下来的一种极其残忍与野蛮的寡妇殉夫习俗，斯皮瓦克将目光落在了印度女性的寡妇殉身传统上，通过对此传统的解构来探讨第三世界底层女性的闭塞状态。萨提源自古印度的神话故事，其中一位少女名为萨提。萨提因为家人侮辱丈夫而跳入圣火自尽，由此在印度梵文中萨提指"贞节之妇"，后经过演变，萨提专指寡妇自焚殉夫。①按照古老习俗的规定，在丈夫去世后，妻子要在为丈夫举行的火葬仪式上投入火中，自尽殉夫。雷穆萨在《亚洲杂录》中叙述了一个女性在丈夫死后应投身于焚烧她丈夫的火堆中，与丈夫一起化为灰烬。这样的女性将与丈夫一起在天堂里共享欢乐三千万年。在古代印度教社会，如果一个女性的丈夫去世，那么她在家庭中的一切权利就被剥夺了。这样的女性需要布衣粗食，不能佩戴任何首饰，不能参加家庭的祭祀活动，女性对待这些侮辱只能逆来顺受，甚至选择在葬礼上投火自尽可以得到人们的尊敬和赞赏。这种言论在现代文明社会的眼光中是荒诞的，极端地表现了对于女性生命的蔑视。印度女性的生命权利陷入了印度男权所编造的神话中，印度女性的生死观念被建构，本应该完全属于个人的生命交付给了他人来决定，这段历史不是由印度女性自己书写的，甚至在书写她们历史的过程中被完全排除在外。

斯皮瓦克对于帝国主义在印度这段风俗传统中扮演的角色做出了分析，她批判了帝国主义对于这野蛮习俗的默认与合作态度。斯皮瓦克指出印度的寡妇殉身传统是受到了当地英国警官监督的，但是这段带有帝国主义污点的合作历史与证据已经被悄然抹去，帝国主义只留下了他们的英雄壮举，档案中只能看到关于白种人从褐色皮肤的男人手中挽救了褐色皮肤的女人，帝国主义只能保留神话，见不得真实的历史留存于文字书本中。当帝国主义的野心逐渐显露时，帝国主义对待寡妇殉身的态度发生了转变。在真实的历史中，寡妇殉身在印度并不是一种普遍的情况，但是当帝国主义将眼光落到印度，并将印度纳入其资本主义框架中时，这一传统被建构成为广泛发生的事情，资本主义将其论述为一种普遍的习俗。原来不仅有印度男权为印度女性编造着神话，帝国主义也不

---

①塔帕尔：《印度古代文明》，林太译，浙江人民出版社，1990版，第152页。

断地向印度女性输出表面善良的口号，他们向印度妇女承诺将不懈努力来救赎她们，这让印度女性陷入了另一个帝国主义的禁锢之中。在这样的情况下，帝国主义对于印度女性的救助如同英雄一般，好像是帝国主义推动了印度走出落后混乱的局面，从一个混乱的局面中走向文明的发展。"白人正在从褐色男人那里搭救褐色女人"①成为全世界公开的神话，这个神话为帝国主义贴上了文明的标签。寡妇殉身传统被废除本应该是一件值得全世界女性赞颂的事情，但是当这其中沾染了帝国主义的指引就成了印度女性的又一道禁锢，在这沉重的桎梏下，印度女性真实的声音无法发出，人们只能听到关于她们的建构进而在脑海中生成一个关于印度底层女性的形象。斯皮瓦克认为对印度女性的救赎行为之下隐藏了帝国主义的野心与企图，帝国主义并没有表面的那样文明与高尚，他们的目的是统治殖民地，更进一步地对其实施霸权，将帝国主义压抑底层妇女的真实历史的罪恶粉饰掉，为帝国主义穿上文明高尚的"拯救者"的华丽服饰。无论是第三世界本身对女性的压迫还是帝国主义伪善的统治，在整个过程中，底层女性像是被牵线的木偶，只能被动地接受所有的压迫与摆布，无法发出自己的声音。

斯皮瓦克没有因为第一世界学术领域给予的赞赏而沾沾自喜，而是始终保持着清醒，让父权制、帝国主义、第一世界女性等因素对第三世界女性的压迫被揭示出来，让笼罩在第三世界女性周围的雾霾与尘土消散，向世界重构了一幅真实的女性图画。斯皮瓦克的创新之处在于将女性主义带入了后殖民主义维度，为后殖民主义的研究增加了女性视角，发现第三世界女性与第一世界女性的二元对立关系，将女性权力的争取推进到一个更深刻的层次。传统西方女性主义批评大部分的力量所至是

---

①斯皮瓦克：《从解构到全球化批判：斯皮瓦克读本》，陈永国等主编，北京大学出版社，2007年版，第115页。

打破男性与女性的二元对立关系，揭示固有意识形态对女性心灵与身体的控制与压迫，发现男权对于女性身份有意识的建构与塑造。而后殖民主义的视角主要是围绕着帝国主义与殖民地二者之间的二元对立关系，试图挖掘被帝国主义建构与歪曲的真实图景，揭示帝国主义的野心与企图。斯皮瓦克在后殖民主义的研究领域中拓展了女性主义的视角，打开了后殖民主义研究的新的格局，批判了第一世界女性与第三世界女性二者之间的二元对立关系，阐释了殖民地女性身上多重的压迫与控制。这种压迫不仅来自于帝国主义的压迫、第三世界男性权力的压迫，还受到了来自于帝国主义女性学者的压迫和统治，这些压迫重重叠加，让第三世界底层女性不堪重负，却无处可说。在整个世界的版图中，第三世界的女性的地位始终处于底层，卑微而沉默。斯皮瓦克对于女性压迫的解读创造性地扩展了西方女性主义批评研究的深度与广度，揭示了帝国主义女性学者与帝国主义男权者虽分属不同阵营但是却事实共谋的关系。

斯皮瓦克对解构主义理论进行深刻理解并创造性地运用、对女权主义的全面考察、对马克思主义资本和国际劳动分工问题的论述以及对帝国主义和殖民话语的批判得到了国际学术领域的认可与关注，斯皮瓦克的后殖民主义理论学术成果成为她学术生涯的璀璨星光。虽然斯皮瓦克成为后殖民主义理论的重要代表人物，但是她依然坚持对自身以及所处背景进行反思与质疑，带着这份独特的学术视角以及锋利的批判态度，斯皮瓦克揭示了后殖民主义的局限性。斯皮瓦克认为后殖民主义学者身上带有天然的矛盾，大部分后殖民主义学者来自于第三世界，但是第一世界学术领域是他们奋斗的根据地。他们凭借自身的学术成就在第一世界扬名，接受了第一世界带给他们的赞颂与认同，但是他们所专注与研究的学术批判对象也处于第一世界中，这是大部分后殖民主义学者无法逃避的矛盾与冲突。后殖民主义的目的之一是批判与消解中心与边缘的二元对立模式，但是斯皮瓦克认为后殖民与其所批判的霸权走向了共谋。后殖民主义的萌生、延续，发展成为一种具有影响力的学术思潮，整个过程无法离开第三世界知识分子，也无法脱离第一世界学术领域。确切地说，这个过程是由于第三世界的学者来到了第一世界的学术领域，通过第一世界广阔的学术渠道获取知识，从而实现了自身的学术研究。后殖民主义学者可以说是第一世界与第三世界的交汇，展现了文化话语的全球化。后殖民主义学者"将处于中心地带的欧美文化批评的问题和观念扩展到全球范围，同时将以往处于政治殖民主义边缘性声音和主体性形象引进到欧美文化批评中来，使边缘权力能够在中心听到自己的'发声'"①。为了一定的目的，第三世界的知识分子自觉或不自觉地融入了第一世界的门槛，得到了第一世界学术领域的认同，从而获得了话语的权力。斯皮瓦克认为这样的过程导致了反面与倒置的结果，第一世界的学术中心对于大部分边缘的第三世界的知识分子来说是可望而不可即的，当他们产生了想要进入到第一世界的学术中心的想法时，比较便捷的方式即是按照第一世界学术领域的喜好，为自己建构后殖民主义知识分子的角色，塑造自己后殖民主义学者的身份，试图获得社会地位与学术认可。对于这类后殖民主义学者，斯皮瓦克进行了批判，指出他们是第一世界的既得利益者，已经与自己所批判的对象站在了一起，也成为自己所批判的对象。第三世界的知识分子应该保持自身纯粹的学术理想，不能将最终目的定义为进入第一世界的学术中心。如果第三世界的知识分子过于向往获得第一世界学术领域的认可，就非常容易被第一世界同化而失去自己的立场。作为一名知识分子，如果学术研究的初心是批判与抵抗资本主义，那么就应该把重心放在对资本主义的抵抗方案，而不是耗费大量

①王岳川：《后现代后殖民主义在中国》，首都师范大学出版社，2002年版，第26页。

的精力与头脑使自己获得社会地位与学术声望。斯皮瓦克认为这类后殖民主义学者虽然贴上了"后殖民"的标签，但是事实上却与帝国主义文化霸权进行着共谋，无形中助长了帝国主义通过建构与歪曲进行霸权的不正之风。

斯皮瓦克本人也受到了这样的质疑与批判。从后殖民主义理论的角度观察斯皮瓦克的身份，斯皮瓦克和大部分第三世界精英知识分子身上都加持着双重性，双重性来自于美国学术领域和第三世界，比如斯皮瓦克的祖国印度。尽管斯皮瓦克献身于反帝国主义霸权的斗争并试图为第三世界知识分子发声，但是部分学者认为斯皮瓦克对西方主流文化的质疑与批判仍然局限在西方文化语境的内部。由于坦率真实的态度和不断变化的学术兴趣让斯皮瓦克颇受第三世界学者的批评和攻击，更有甚者批判斯皮瓦克的高傲态度，否认她作为一位第三世界批评家或后殖民地知识分子的文化身份，质疑她所进行的反帝国主义霸权尝试的真实目的是吸引西方主流学术领域的关注，以便实现其从边缘步入中心最后消解中心的"反俄狄浦斯式"的事业。[1]后殖民主义学者虽然在西方世界接受了多年的教育，其西方文化基础已经超越了本民族的文化素养，但是他们在西方世界时却遭遇了对其东方身份的质疑；而当后殖民主义学者处于东方世界时，他们无法远离西方文化的框架，因为他们的思想本身正处于其中，所以他们同样遭遇了东方世界的质疑，这正是大部分后殖民主义学者不得不面临的两难。由于后殖民主义学者的学术研究身份与学术研究对象具有特殊性，所以当他们与非西方学术领域内人物进行沟通时产生了许多障碍，他们的思想与观点并不在同一理论层面上。在这样的情况下，西方殖民主义批评者这一身份遭遇了否定与质疑，部分学者认为他们对欧洲中心

---

①王宁：《后殖民主义理论批判——兼论中国文化的"非殖民化"》，《文艺研究》，1997年第3期。

主义与文化帝国主义的批判不是真正的目的，其真正目的是建构一种新的殖民话语。虽然他们遭遇了其他学者未曾经历的否定与质疑，但是他们并未停止学术研究的脚步。斯皮瓦克亦是如此，她身上带有的第三世界背景与血统、她独特的精英知识分子身份等特性成为其后殖民主义学术研究中的独特价值和现实意义，一方面他们身体里流淌着东方的血统和文化习俗，另一方面他们却接受了西方教育，拥有了厚重的理论素养。这样的双重身份成为一把双刃剑，虽然让斯皮瓦克提出了带有自身独特性的学术理论成果，但是也让她饱受了来自西方世界和第三世界的双重质疑。

小　结

综上所述，斯皮瓦克的双重性身份带给她在后殖民主义理论研究领域的独特视角与创新观点。斯皮瓦克出生于加尔各答，对于第三世界人民的生活尤其是第三世界女性的地位有着深刻的体会。由于留学美国的经历，让斯皮瓦克接受了两种不同国度和文化的教育，感受过两种不同国度和文化的生活。第三世界知识分子的身份让斯皮瓦克始终以"边缘者"的视角审视美国的生活与经历，以更加厚重的深度去思考关于东方与西方、女性与男性、殖民与被殖民等矛盾冲突。由于斯皮瓦克独特的第三世界女性视域，她的创新不仅拓展了后殖民主义理论的研究视野，也使其自己的后殖民主义理论非常具有特色与价值。虽然斯皮瓦克的学术研究路线和知识轨迹得到了国际学术领域的认可与关注，但是在中国学术领域，人们对斯皮瓦克身份的认知大多停留在德里达著作的知名翻译者，斯皮瓦克后殖民理论家的身份、系统的理论体系和独特的视角与观点没有得到广泛传播。斯皮瓦克说"我想为后殖民地知识分子对西方模式的依赖性辩护：我所做的工作是要搞清楚我所属的学科的困境。我本人的位置是灵活的。"①斯皮瓦克对西方主流文化的批判、为殖民地人民进行的对抗、为第三世界知识分子的发声应该被这个世界看见、听见。

斯皮瓦克的学术研究范围宽广、涉猎问题众多，并且斯皮瓦克的理论仍然在不断发展与更新，所以本章对于斯皮瓦克的总结与论述无法全面涵盖其学术面貌。由于斯皮瓦克本人的学术生涯尚在生长发展，本书只能在其现有学术成果上做出研究与论述，希望通过密切关注斯皮瓦克的最新学术动态，能够不断地更新与完善本书的研究。

---

① Spivak.The Post-Colonial Critic:Interviews,Strategies,Dialogues,London and New York:Routledge,1990,p.69-70.

第四章　霍米·巴巴的文化定位理论

　　霍米·巴巴（Homi K.Bhabha）1949年出生于印度孟买的一个印度祆教徒家庭。霍米·巴巴的父亲是一位律师，母亲出生于书香门第并且在诗歌、艺术、文化和语言等领域颇有造诣。霍米·巴巴的父母在后代的教育问题上非常具有远见，希望后代能接受到先进文明的熏陶，因此在家中长期订阅《巴黎评论》《伦敦》《纽约评论》等杂志与书报。霍米·巴巴曾说选择英文作为自己的专业是受母亲的影响。霍米·巴巴于孟买大学获得英语学士学位，于英国牛津大学基督教堂学院取得了哲学硕士学位，毕业后留在牛津大学圣安娜学院担任文学辅导教师。此后，霍米·巴巴师从著名的马克思主义理论家特里·伊格尔顿并取得牛津大学文学博士学位[1]，毕业后于沃里克大学担任后殖民文学的兼职讲师。工作后，霍米·巴巴的学术历程比较坎坷，一直处于边缘地带。直到20世纪90年代，霍米·巴巴一跃成为蜚声国际学术界的风云人物，先后受聘于芝加哥大学、伦敦大学、哈佛大学。霍米·巴巴现任哈佛大学安·罗森博格英美文学与语言讲座教授[2]，与萨义德和斯皮瓦克共同被誉为后殖

---

① 王宁主编：《文学理论前沿（第一辑）》，北京大学出版社，2004年版，第65页。
② 李琳，生安锋：《后殖民主义的文化身份观》，《国外理论动态》，2004年12期。

民理论的"圣三位一体"，是后殖民主义理论的主要代表性人物之一。霍米·巴巴代表著作有《文化的定位》以及主编的《民族与叙事》、合编《殖民者与被殖民者》《世界主义》《赛义德：继续对话》等。霍米·巴巴的理论来源非常丰富，吸收了文化批判领域多位学者的理论精髓，在此复杂的理论渊源下，霍米·巴巴的思想很难梳理成一个系统的体系，这也尊重了霍米·巴巴本人的意愿。虽然霍米·巴巴的思想比较零散，但是却在后殖民理论中产生了巨大的影响，在学术领域获得了比较崇高的地位。如果想要深入探究后殖民主义理论的内核，霍米·巴巴的思想是我们必须要试图理解的重要部分，也是把握当代文化理论的重要步骤。霍米·巴巴借助弗洛伊德、拉康和法农的精神分析理论，从符号学与文化学进行后殖民理论研究，在萨义德和斯皮瓦克的基础上对文化定位的问题进行了深刻探讨，提出了"再现与身份"和"第三度空间"等概念，代表着后殖民主义重要的理论进步。总的来说，霍米·巴巴的后殖民主义文化定位理论扩展了当代后殖民主义理论研究的论域，增加了文学与文化批评理论研究的视角，对当代文化思潮的发展产生了重要影响。

英国文学理论家吉尔波特将霍米·巴巴的学术历程进行了划分，他认为霍米·巴巴的经历主要分为两个阶段，其中第一阶段的时间跨度是1980年到1988年左右，第二阶段的时间跨度是20世纪80年代末到20世纪90年代中期。[①]这两个阶段并不是绝对的分裂，而是包含着学术思想的延续与继承，霍米·巴巴的学术理论也在不断地拓展延伸与阐发更替。第一阶段的研究内容主要是殖民话语的分析，霍米·巴巴更关注英国殖民印度那段时期的文化交流历程与带来的后果。第二阶段的研究重点是殖民地历史遗留问题，尤其是帝国主义文化给殖民地带来的后果、后殖

①袁源：《"第三空间"学术史梳理：兼论索亚、巴巴与詹明信的理论交叉》，《中南大学学报（社会科学版）》，2017年第7期。

民话语与后现代主义之间存在的复杂关系，以及后殖民文化对于当代文化的意义。2000年左右，霍米·巴巴更关注对殖民语境中能动性等因素运用于当代移民经验的分析，对文化间际协商、政治抵抗等问题进行研究，关注全球化背景下的西方多元文化社会，这段时期可以暂时概括为霍米·巴巴学术经历的第三阶段，时间是1996年到现在。霍米·巴巴的学术生涯依然处于发展之中，其后殖民主义理论深化了人们对于殖民关系的认知，揭露了殖民者与被殖民者之间的多面关系。

第一节　文化定位理论的立足点

　　霍米·巴巴的理论来源非常丰富，吸收了德里达、福柯、拉康、本雅明、巴赫金、法农、萨义德等多位学者的理论精髓，几乎当代文化理论的重要观点都可以在霍米·巴巴的理论中找到痕迹①。霍米·巴巴对于以上学者理论的应用不局限于理解与引用，更是在其基础上升华，并将其重点部分吸收于自身理论的精神内核中。法农作为后殖民主义理论的引航者，对于被压迫者与被殖民者的心理和精神状况进行了深刻研究，让后殖民主义理论的后继学者得到了重要启迪。法农在著作《黑皮肤，白面具》中指出当黑人在面对白人时，黑人会出现荒诞疯狂的心理状态。比如当黑人认为白人的目光停留在自己身上时，黑人会萌发伤害自己的自残行为冲动。在此情况下，黑人也可能走向另一个极端，即对白人表现出极度的爱重与羡慕。他们试图掌握白人的语言，白人的知识，吸收白人的文化，接受白人的认知标准，竭尽全力地戴上白色

①生安锋：《后殖民性、全球化和文学的表述——霍米·巴巴访谈录》，《南方文坛》，2002年第6期。

的面具。但同时黑人也怨恨白人的存在，批判白人让自己落入这样的思想怪圈。①霍米·巴巴在《文化的定位》关于法农与后殖民主义特权这部分内容中论述了弱势群体这种分裂的心理，在此基础上探讨了黑人身份认同的问题，试图找到消解西方帝国主义霸权的途径。因此法农的理论对于霍米·巴巴来说非常的重要，为其后殖民主义理论发展奠定了基础并拓展了深度。在法农的影响下，霍米·巴巴的思想逐步形成，萨义德和斯皮瓦克也为霍米·巴巴带来了启迪与深化。萨义德的《东方学》发表后，后殖民主义理论走向成熟并成为一门受到关注的学科。萨义德的东方主义思想将东方与西方二者分为两个阵营，指出西方通过想象建构了一个"东方"，这种对想象中的东方进行描述的内容被称之为东方学。萨义德认为大部分西方资料中关于东方的内容都被东方学影响，直接或间接地成为西方霸权主义的一部分。萨义德的理论引导了后殖民主义学者去揭示和解构西方帝国主义的话语霸权，在萨义德的影响之下，斯皮瓦克对于解构主义精神的认知和运用更加彻底，她认为许多文本表面看似在对抗帝国主义霸权，但实际上并不是真正地为被压迫者发声。霍米·巴巴在萨义德和斯皮瓦克的基础上，吸收了二人的理论精髓，重视对隐藏的西方话语霸权的警惕态度，试图从学术理论层面找到和解与协商的途径，用以解决东方与西方二者的对抗。除此之外，福柯的思想对于霍米·巴巴的历史观产生了重要影响。比如福柯在《知识考古学》中指出传统历史学注重连续性，而非连续性才是考古学的关键，非连续性可以对主体的这种霸权进行消解；知识考古学导致文献处理方式的改变，人们的任务在于把文献本身看作自己故事的本身，在文献的内部进行组织考察并确定一些

---

① 弗朗兹·法农：《黑皮肤，白面具》，张香筠译，生活·读书·新知三联书店，2022年版，第5页。

关联。①福柯的谱系学为霍米·巴巴提供了揭示殖民历史权威的方法，即在"去历史化"当中重新找到被殖民者的声音。在理解与运用福柯理论的同时，霍米·巴巴观察到了福柯对西方殖民历史的静默态度，并且批判了福柯对于殖民与西方理论二者关系的否定。可以说霍米·巴巴将福柯的理论一边打破一边继承。除此之外，德里达深刻影响了霍米·巴巴后殖民主义理论中的解构精神。霍米·巴巴非常重视对德里达去中心化思想的应用，并且在此基础上扩展了其反抗二元主义与中心主义的立场，让其后殖民主义理论更加具有深度。霍米·巴巴提倡突破殖民者与被殖民者之间二元关系，实现二者碰撞与交流，他反对二元对立，提倡去中心化。霍米·巴巴认为两方的存在与对话都是以另一方的存在为前提的，这个观点来源于巴赫金的话语理论。巴赫金认为话语是一个两面性的行为，对话是复杂的、多平面的，它存在于两种力量的动力张力之间，这两种力量又是不平衡的、带有偶然性的。②此外，精神分析学派对霍米·巴巴的理论有所启迪，将弗洛伊德、拉康的理论杂糅进入殖民心理分析让霍米·巴巴产生了许多创新观点。

霍米·巴巴提出的"混杂"概念十分巧妙，正好可以用来形容其后殖民主义理论的思想渊源。霍米·巴巴善于吸收众多理论的精华来为其自己的理论添砖加瓦。同时由于其理论不是系统与完整的，在许多情况下，他会按照意愿加以选择并与自身的观点进行糅合，这让他的理论充满了思考性和启发性，在后殖民主义学术领域中别具一格。为了深入探究霍米·巴巴后殖民主义文化批判思想，本章将从他的理论基点入手，对其提出的重要概念进行剖析，在充分理解其理论立足点的基础上进行霍米·巴巴理论的研究。

①米歇尔·福柯：《知识考古学》，谢强，马月译，生活·读书·新知三联书店，1998年版，第174页。
②巴赫金：《巴赫金集》，张杰编选，上海远东出版社，1998年版，第230页。

1 居间与之外

霍米·巴巴的后殖民理论有着一个重要的基础立场，就是"居间"与"之外"的概念。霍米·巴巴将"之外"的含义理解为当今人们生活的时间与环境已经没有了确定的时间感和空间感，总是在变化中生存，其中存在诸多复杂的关系。① 比如说当一个巴基斯坦人生活在美国，他相当于同时生活在巴基斯坦的传统与美国的现实中，这个人并不是一个完整的巴基斯坦人或者完整的美国人，但是又可以说他既是一个巴基斯坦人又是一个美国人，他同时占据了两种时空，但又没有存在于哪个时空中，这种情况下可以称之为他在"之外"的地方。除了"之外"的概念，霍米·巴巴继续提出了"居间"的观点。"居间"为人们提供了思考自我性策略的空间，"居间"通过对社会概念的界定，能够产生一个新的身份的阐释，还能够提供一个求同存异的地点。与"居间"的概念密切联系的是"间隙"的概念，由于"居间"的作用是离开传统的基本类别，离开固定的约束，在传统之外去寻找一个属于主体的位置，在差异中不断满足对于身份界定的诉求，在矛盾中不断寻找主体的位置，尽管差异与矛盾永远无法消失，也永远无法解决，但是重点是整个协商与磨合的过程。这个过程中包含了对于民族、文化、利益等形态的融合与竞争，并且涌现出不固定的身份和主体，他们无法属于一个固定的位置，只能存在于各个固定位置之间的缝隙中，这是"间隙"概念所指的含义。比如说当亚洲人后裔与非洲人后裔都生活在美国时，他们之间有着不同的文化、意识形态与价值观，在利益上不仅不兼容，甚至是冲突的，但是当他们共同面

---

① Homi K.Bhabha.In The Location of Culture,London and New York:Routledge,1994.

对美国的种族歧视时，他们拥有了共同的理念与意义，都加入了抵制种族歧视的行列，拥有了一种临时的、共同的、崭新的身份。这种身份不是固定的，不长期占据主体位置，而是在特定的境况中出现，可以说是在他们差异的"间隙"里出现的。

"之外"和"居间"这两个概念为霍米·巴巴后殖民理论建立了基本的立足点，也建立了带有其风格的独特视角，在此基础上霍米·巴巴提出了少数族、文化差异、混杂性等重要概念。"之外"和"居间"为其理论提供了不确定性与临时性的基本特征，解构了原始、最初、固定、不变等概念，让霍米·巴巴能够从中心主义与主流话语的压迫中脱离出来，真正地为被压迫者呐喊，为被压迫者争取话语的权力。在此基础上，霍米·巴巴将所谓的西方文明与现代历史的唯一性颠覆，质疑与批判了西方文明是人类最终归宿的论调，将以西方为中心建立的泡沫打破。

2　消解二元论

"之外"和"居间"两个概念贯穿于霍米·巴巴的著作《文化的定位》中，其独特的视角与颠覆性的理论在收到支持与赞扬的同时，也受到了批评家的质疑，他们认为霍米·巴巴作为第三世界的精英知识分子，在西方社会获得了巨大的利益，其理论恐怕只是表面的高雅与学院派，无法真正地为被压迫者争取权益，又或者说其理论的背后仍然是为了西方社会而服务的。对于此类质疑，霍米·巴巴在《理论的承诺中》给予了回应，并在此基础上提出了消解二元对立、去中心化等概念。

霍米·巴巴认为对于被压迫者的解放不仅仅只有暴力革命这一种对

抗的方式，如果仅仅只有这一种斗争模式的话，那么将陷入二元对立的关系中，而二元对立这种模式来自于西方中心主义。采用西方提供给我们的方式进行对抗，最终的结果也许只是二者互换了位置，并没有改变与颠覆。虽然西方世界的意识形态与思想模式一直在潜移默化地影响着人类，其他非西方国家依然承受着西方国家的霸权，但是西方的理论必然无法颠覆这样的现状吗，西方的中心主义真的无法撼动吗？霍米·巴巴认为答案必然是否定的，他认为西方的霸权不是坚不可摧的，反而其自身就存在着巨大的局限性和自身被消解的元素，所以西方霸权必然要从其内部开始瓦解，逐步被彻底颠覆，霍米·巴巴试图找到从霸权内部去颠覆的力量。首先，霍米·巴巴引用了福柯的话语理论，认为陈述由一个巨大的网络和系统构成，每一次微小的变动都会导致出现差异，形成一个新的陈述，哪怕是完全同样的陈述，在不同的语境中含义也是不一样的，可以说是同一者的差异。比如说以西方为中心而举办的文化交流活动，目的是向其他国家输出西方的文化，并且试图用西方的文化视角来解读其他的文化体系，通过此类活动可以达到加强西方文明势力的目的。但是在这样的文化交流中，当非西方的知识分子与学者参与其中，情况发生了变化，非西方的知识分子虽然在西方中心主义提供的环境与主题下发言与创作，但当他们使用西方理论与西方语言时，必然会加入自己的理解与加工，不断地发生微小的变化与颠覆。这样的情况下，在一个系统中产生并形成的话语，如果转移到另一个系统中运用，其表面的陈述与内含的意义都发生了置移。随着一次次地置移，虽然表面的陈述是相同的，但是其内含的意义却在不断地发生微小的变化，看似陈述没有改变，但是却一次次地变化，西方霸权的基础就在这样的过程中被无形地、逐步地消解。但是这个过程是无法阻挡的，这也是西方进行殖民而必然要接受的后果，西方国家无法避免与大量的移民者、交流者、被压迫者共存。这部分人群存在于"居间"与"之外"，他们发挥着"双重铭写"的作用，他们的存在模糊了文化与民族的界限。

霍米·巴巴也认为政治目的的成功实现离不开书面理论的帮助。书面理论有助于形成满足其目的的意识形态，书面理论能够指导实践，给予行动方向与标准。所以将政治行为与书面理论完全区分，甚至将其放置于两个对立面是局限性的。霍米·巴巴运用了德里达"书写"的观点，认同书面理论的影响力及巨大作用，并试图用以解构西方的中心主义。德里达认为"书写"就像是一场野外探险的过程，人们身处野外陌生的环境，想要获得生存并走出丛林，就必须艰难地前行。前行的方向也许是随机的，走过的路也许是反复经过的，留下的痕迹也许是杂乱无章的，但是每一次艰难地前行都会看到不同的风景，经历不同的感悟。在野外一次次的探索，一次次的前行，每一次行动之间存在着差异，每一次行动之间也存在着间隙。如果把这野外的探险比喻成在人们心灵中的探索，那行动之间存在的差异与间隙就构成了人们心灵中的印记，"书写"就是这样一场心灵的野外探险。德里达在此基础上提出了"延异"的概念，认为"延异"是生命的本质。①由于人们不断地经历非连续的、间断的并且反复的"书写"，让所谓的原初的意义不再存在，意义也不断经历着反复、变化与延异。当原初的意义不再存在时，中心主义与二元对立也是很难成立的，因为人们处于书写的经历中，身处于之外与居间的位置，所以一个主体是无法站在对立面去反抗的，只能在混杂的位置来"协商"，"协商"也是霍米·巴巴理论中非常重要的一个概念。比如在阶级的划分中，虽然

---

①汪民安主编：《文化研究关键词》，江苏人民出版社，2019年版，第484页。

不同阶级之间存在着对抗，但是处于同一阶级内部的人们立场是否完全相同？答案是否定的，因为同一阶级内部也会存在肤色、性别等各种各样的差异，从而产生对立。比如无产阶级的女性与男性，他们虽然共同对抗资产阶级，但是他们二者之间也存在着竞争与对抗，他们会争夺生活资源、权力地位、工作机会，等等。经过不断的"协商"过程，原本的中心主义与话语权力不断地随着表达的变化而变化，让人们看到霸权不是生而存在的，更不会一成不变，经过一次次"协商"得到的霸权自身具有矛盾性。所谓的本质主义特征比如阶级、性别、民族等类目都无法真正地守住界限，它们的存在掩盖了差异与间隙，这些本质主义特征是在表达的过程中通过建构而形成的。霍米·巴巴说："我们在极度的痛苦中认识到了矛盾的并置……正是这个来与回、这个政治协商的符号过程的这与那构成了一种表达的政治。其重要性以抽象的能指之自由嬉戏之名，超越了深得人心的政治传统的本质主义和逻各斯中心主义的不安。"①霍米·巴巴认为通过对"字里行间"的读解可以发现经协商而形成的霸权其中存在的矛盾与局限，通过对日常生活的细节的考量可以颠覆霸权，这是霍米·巴巴在其著作《文化的定位》中所提出的主要策略之一。

霍米·巴巴的"居间""之外""协商"等概念可以说是具有颠覆性的，从根本上消解了本质主义与二元论模式，让所有的霸权主义失去了权威的平台与位置。霍米·巴巴理论的出发点是消解二元论，通过对二元论的消解让他找到了"居间""之外"等理论立足点，在此理论立足点之上，霍米·巴巴继续提出了许多重要概念，帮助其理论进一步建设，进而揭示霍米·巴巴为全世界被压迫人民谋求对抗霸权策略的核心观点。

---

①Homi K.Bhabha.In The Location of Culture,London and New York:Routledge,1994.

3　民族与叙事

在对霍米·巴巴理论基点"居间""之外""消解二元论"等概念的理解基础上，通过对霍米·巴巴主要著作的梳理能够更加清晰与深刻地理解其理论视角与理论基础，帮助我们在阅读与理解霍米·巴巴深刻且复杂的理论时能够梳理出一条清晰的主线。

霍米·巴巴1990年主编的《民族与叙事》是其后殖民主义理论的代表作，《民族与叙事》的内容涉及广泛，涵盖了两个世纪的时间长度，跨越了四大洲的空间范围，主要表达了霍米·巴巴对于本质主义的民族性的批判。霍米·巴巴认为这种本质主义企图将第三世界国家界定为低级的地位，贴上卑贱的标签，为"第三世界国家是低级的民族"这个结论抹去建构的痕迹，让其不断地自然化，最终成为天然存在的本质。他认为民族是经过相互冲突的文化之间相互作用，经过建构而产生的叙事。

霍米·巴巴首先对民族及其叙事原则提出质疑，对民族的起源、本土语言以及秩序等展开研究，但是霍米·巴巴研究的重点不局限于中心，他非常重视对处在民族边缘的思考。在《民族与叙事》中霍米·巴巴论述了叙事或者说话语中存在的冲突与矛盾，人们通过这些充满矛盾叙事和话语来建构自己意识形态中的民族，在建构的过程中充满了不确定性，霍米·巴巴认为对于民族不应该是由种种文化传统与道德约束组成的权威，也不应该是由至高无上的精神所形成的英雄主义，他为人们提供了一个相对自由的灵活的空间。①《民族与叙事》中收录了包括霍米·巴巴在内的多位作者的论文，虽然涉及的时间与空

①Homi K.Bhabha.Nation and Narration,London and New York:Routledge,1990.

间范围不同，但是普遍关注民族的本身、民族的建构与民族的秩序，批判了帝国主义的霸权。霍米·巴巴所著的《播种民族》作为《民族与叙事》的结尾，有压轴和点睛之笔的含义，这篇文章重点论述了对于民族的时间性的观点。霍米·巴巴认为民族的时间性可以区分为两种范畴，分别是训导式的和演现式的。属于这个民族的人民会被双重刻写为训导性目标和演现性主体，从而导致一种对抗性叙事的产生，它反对传统的历史主义话语，反对自然主义式连续性叙事。由于民族文化是各种时间性的聚合——现代的、殖民的、后殖民的、本土的，所以民族文化解构了传统的经典性理性主义和进步论的逻辑。①面对这样错综复杂的民族文化结构，霍米·巴巴提倡一种以补充性为策略的少数族话语。

4　文化与定位

《文化的定位》的主要内容是关于后殖民主义语境下文化定位的讨论，其中论述了有关民族、边缘、地域、位移和居间的疆界等问题，从后殖民的视角对西方的现代性文化提出质疑与批判。霍米·巴巴认为现代西方主义已经不再具有全球性权威，而被殖民者应该重新审视自我。此外，霍米·巴巴阐释了主体位置的持续意识与重新创造，揭示了多元文化主义无法获得合法性，提出了一种以"文化多样性"为基础的多元文化主义模式。霍米·巴巴审视了后殖民社会中的文化意义和语境，不仅对传统的经典性殖民主义文本进行分析，还对当代著名后殖民诗歌和小说进行解读。《文化的定位》研究领域跨越了多个

①生安锋：《霍米·巴巴的后殖民理论研究》，北京大学出版社，2011年版，第54页。

学科，其前瞻性走在了学术的前沿。

霍米·巴巴将其后殖民理论中的"后"字定义为"修订和重构"的含义，通过解构已经建立的系统来重订和重构新的秩序。在《文化的定位》中，霍米·巴巴按照弗洛伊德的拜物主义理论进行了种族"定型"的分析；对如何打破殖民地权威进行了"模拟"的探讨；对关于英国殖民统治的文本进行解析，揭示了殖民统治策略的漏洞。霍米·巴巴在《被视为奇迹的符号》中提出了其独创的概念"混杂性"等，延伸了对殖民主体性问题的思考；在《种族、时间和修订现代性》中提出了将"种族"理解为文化差异的观点；在《新意是如何进入世界的》中继续探讨了能动性问题。总的来说，《文化的定位》的目的之一是揭示帝国主义者与民族主义者对于殖民主义的执着带来的不利因素，比如对通过文化途径而展开社会政治斗争的重要性和复杂性缺乏清晰的认知，忽视了为了平等、生存和文化自主权而进行的微妙而平常的斗争，忽视了与施权者的对抗是殖民地人民得以保留本土文化的重要途径。《文化的定位》的目的之二是对文化翻译提出质疑与批判。霍米·巴巴认为在不同的语境中，文化是彼此关联的，人们需要探究各种文化的共存方式，找寻到一种模式能够让各种文化求同存异，既保留彼此的差异性，又得到共同的指向与追求。霍米·巴巴旧的文化共存的方式存在逻辑的乱序，先同化各种文化再给予不同的文化群体表达的权力是错误的，应该首先尊重文化之间的差异，承认各种文化的多样性，然后谋求其中的共存方式。霍米·巴巴在《献身理论》中指出，文化多样性与文化差异之间虽然在大部分理论中是含义类似的，但是实际上二者的含义是对立的，可以被区分为两种表达文化的方式。其中的文化多样性更多的是基于预先设定的文化基础和传统习俗，代表着自由主义的概念，比如多元文化主义、文化交流等在此基础上形成并发展，与本质主义站在了同一阵线。①霍米·巴巴认为其实后殖民文化与主流文化二者并不是简单的对立关系，而文化多样性的理论却默认了文化之间巨大的差异性。而文化差异主要是对文化同一性表示质疑，是针对"殖民地权威"的一种抵制态度。在殖民话语里，文化差异被认为是一种对于符号的"误读"，解构了殖民话语边界的界限，超越了殖民者与被殖民者之间的二元对立关系。

霍米·巴巴提倡的当下文化模式脱离了传统的中心位置，将目光放在了不同文明交互融合的边缘地带。霍米·巴巴认为在这个位置将形成一种富有新意的、混杂的文明，边缘不再意味着被抛弃，而是不断地建构着中心。霍米·巴巴提出"最真的眼睛现在也许属于移民的双重视界"②，他提倡的"新世界主义"正在不断质疑与批判西方国家所进行的传统现代叙事，一种逆反现代性或者"现代性的别样选择"正在不断发展 。③

第二节　文化定位理论的核心问题

在当代文化思潮研究中，关于身份的探讨一直处于重要的位置，主要内容是关于种族、性别与阶级三种话语。对于后殖民理论来说，身份是一个核心的研究问题。在霍米·巴巴的后殖民理论中，身份是其展开批判的出发点，对身份的论述贯穿了其著作《文化的定位》，霍

---

① 朱锋颖，吴宪忠：《后殖民理论与多元文化》，《北方论丛》，2009年第4期。
② Homi K.Bhabha.Life at the border:Hybrid identities of the present,New Perspective Quarterly,1997,p.30.
③ 生安锋：《霍米·巴巴的"流亡诗学"》，《文艺研究》，2004年第5期。

米·巴巴对于社会与文化问题的研究也是通过对"非西方"身份的探讨而展开的。

1　精神分析法

霍米·巴巴的精神分析法是其后殖民理论的独特性所在，霍米·巴巴的精神分析法的理论来源于弗洛伊德、拉康与法农。在霍米·巴巴的著作《文化的定位》中使用了"质询身份"这一章的内容来论述其对于身份的观点，其中关于法农《黑皮肤，白面具》的解读，开启了霍米·巴巴对于身份问题的探讨。[1]

1952年，法农的职业是精神科医生，工作于非洲阿尔及利亚。阿尔及利亚发生的解放运动让法农深受触动，他决定加入这场民族解放阵线活动。在解放活动中，法农通过对殖民地人民心理情况的了解撰写了著作《黑皮肤，白面具》，并且在"黑人和精神病理学"这章对被殖民者的心理问题进行研究与论述。法农将黑皮肤的人比喻成精神分裂症患者，认为其人格存在着分裂。当黑人面对白人时会认为自己的身体结构处于劣势，只能以白人的标准为行动准则。在此基础上，黑人逐渐认为仅仅在行为上模仿白人是不够的，希望自己能成为白人，因此会在有意识或无意识的情况下使自己的个性"白人化"，成为一名戴着白皮肤面具的黑人。然而出现这样的情况，并不是因为黑人从出生起就带有自卑的心理，而是在漫长的殖民历史中，白人通过语言为黑人贴上了卑劣、阴暗、奴隶等基因的标签，白人则代表着高尚、文明与进步的人种。如果一个黑人想要摆脱这些根深蒂固的标

---

①Homi K.Bhabha.Challenge identity,London and New York:Routledge,1994.

签，就需要摆脱自己黑人的身份，让自己成为一名白人。这让殖民者与被殖民者之间，或者说黑人与白人之间产生了矛盾。一方面对于殖民者来说，为黑人贴上低劣的标签、让黑人对白人产生服从与向往从而能掌控黑人是其殖民的目的也是殖民的结果；另一方面来说，这样的结果又是殖民者不希望达成的，在黑人向白人不断模仿和攀附的时候，白人产生了想要摒弃这些非文明人的想法。面对这样的矛盾，法农并没有对其进行深入的论述，霍米·巴巴在此基础上开始了自己的研究。

霍米·巴巴在法农的基础上提出了殖民关系中的心理不确定性，他认为不能将人的身份进行简单的认同，这样的理解是片面的。霍米·巴巴将人的身份理解为一种异化，意味着这不是自我和他者之间的二元关系，而是自我之中存在着他者。在现实世界中，黑人的世界里生活着白人，之所以黑人被称为黑人，是由白人的种种准则而建构出来的；而白人的身份也是如此，白人的称呼之所以存在是以黑人的存在作为前提的，所以可以认为在白人的特性中自然有黑人的因素存在。自我的认同无法凭空产生，自我的认同需要以他者的在场为前提。西方国家将非西方国家建构成为他者，从而建立起西方的自我认同，可以说这是殖民关系中的基础的二元论，在此基础上产生了文明与野蛮、进步与落后、高尚与狡猾等一系列的二元对立。霍米·巴巴将殖民关系进行解构，他揭示了殖民关系中天然存在的解构因素，解构因素成为不断消解自身的原因。在自我与他者的关系中，如果想要获得自我的认同，前提是需要他者的在场，自我不仅可以从他者身上确认自身的存在，也可以从他者的身上获得自信与优越感。虽然他者是野蛮的、落后的、被统治的，并且他者在不断地向上攀附，试图占据其原有的位置，但是自我会包容他者的因素，不断地从他者身上获取自我需要的东西。在这样的情况下,自我与他者之间永远存在着联系,二者是不可分割的。对于白人与黑人、殖民者与被殖民者来说也是如此,被殖民者向往摒弃自身而向殖民者趋附,在这个过程中包含着分裂的因素,被殖民者的身份无法固定于一个位置,被殖民者的身份处于"之外"与"居间"。就像我们无法将在美国生活的第三世界的知识分子称为美国知识分子,但是他们又和美国的知识分子在某些方面非常相似,殖民者与被殖民者的关系也是如此。由于被殖民者存在于"之外"与"居间"的位置,让殖民者与被殖民者之间的关系存在不确定性,所以二者的认同无法在一个固定的位置进行简单的认同。殖民者与被殖民者使认同的过程具有双重性与分裂性,让殖民关系逐步被消蚀。当身份体现出明显的不确定性时,宏观且同质化的身份认同也随之消蚀,比如西方文明世界与非西方落后世界这一组整体性的二元对立也在不断地被消解。

对于被殖民者来说,抵抗殖民的意识与实践不能建立在某个整体的民族认同上。如果试图用某一种纯粹的民族文化与西方文化霸权进行对抗是不可行的,就像无法通过宣扬黑人种族文化来对抗并消解欧洲中心主义,因为黑人的种族文化本身没有脱离欧洲中心主义的框架。霍米·巴巴认为抵抗需要在文化的"间隙"位置来进行,在抵抗殖民者的侵蚀进而消解欧洲中心主义的过程中,会产生对先进与连续的时间性和整体的历史观的质疑,而这样的做法将会混淆人类主体的社会和心理再现。由于身份并不是与生俱来的,是在科学、文化、历史等文本中建构而成的,是一种异源集合体,所以身份是在特定环境与条件下进行认同的结果,具有临时性、易变性等特点。霍米·巴巴认为,实际上"黑人""黑人性"甚至"民族"等概念都不存在,存在的是根据特定环境与条件而集合成的"社群"。比如抵制性别歧视的妇女联盟、抵制宗教歧视的教徒联盟等，这些都是以社群的形式存在的，它们与民族、阶级、种族等整体性与本质性的身份类属完全不同。在这样的观点支撑下，霍米·巴巴不仅反对二元论，也对本质论和整体论提出质疑和反对，这也成为霍米·巴巴后殖民理论的基础之一。霍米·巴巴认为，民族、文化、种族等身份类属不仅陷入了西方中心主义的漩涡中，还会导致极端的行为，其原因是这种身份类属包含着本质性和整体性。比如在抵抗殖民的运动中，在文化层面一些国家和民族采取了追溯自身民族文化源头等方式，试图对殖民文化进行抵抗，但是这样的方式是以民族文化传统为中心，非常容易被更强势的文化所对抗和利用。比如非西方民族的本土艺术传统对于西方现代主义艺术家来说只是原始、低级的材料，西方现代主义艺术家利用它们来寻找刺激，通过对它们的再利用打开了一扇崭新的现代艺术创造的窗户。这样的方式非但没有提升非西方民族本土文化的地位与价值，反而让非西方民族本土文化成为西方艺术家手中的玩物，无形中让西方与非西方之间的反差更加强烈。这样的对比产生的结果便是那些非西方极力想要推翻的二元对立，比如进步与落后、文明与野蛮和现代与守旧。因此，霍米·巴巴反对本质性的民族文化身份，他认为对于殖民压迫的反抗不能依靠政治革命来进行，而更好的方式是通过日常生活中的具象来进行，对于身份的认同更多的是处于"居间"与"之外"，通过暂时性与协商性的立场来进行。

2　身份建构理论

对于身份这一概念的阐释，霍米·巴巴首先解构了在西方哲学传统中的身份。在西方身份哲学中有两个传统的观点，其一是身份是人类在天性之镜中的自我反映过程，其二是身份是存在于自然与文化的分割中的人类身份差异。①西方身份哲学的两个观点存在着同一理论基础，即认为人拥有自我意识，自我意识让人拥有存在的连贯性，将人的内在与外在二者相统一，这种自我意识处于人的内在性与个体性的深处，自我意识是"我"存在的维度。总的来说，在西方身份哲学中，身份模式是建立在一连串相似符号上的，或者是建立在类比关系的基础上的。

霍米·巴巴认为这样的身份观点是迷信的，这种观点更接近于人类的视觉模式，带来的是视觉感受，可以说是一种垂直的维度。在对西方哲学传统的身份理论解构的基础上，为了与"视觉模式"区分，霍米·巴巴将目光落在身份的"书写模式"。"书写"是霍米·巴巴在德里达思想的影响下开始使用的，他认为身份无法固定，身份处于在一系列矛盾的空间中，身份成为话语协商的策略。身份的意义超出了"形象"的框架，身份包含着抵抗的痕迹，包含着不断反复的质疑。在身份不断进行的认同过程中，对于政治、文化、民族、人性等问题进行了回应，回应的态度也许是接纳，也许是质疑或反对，但是这个过程是身份认同所必须经历的。所以身份不能只是一种垂直的维度，而是用双重的维度来表达，在外在表现与内在的关系中，外在表现应该拥有优先权，外在表现将指出矛盾的位置，这个位置在空间上是分裂的，在时间上是延异的，处于一个"之外"的地方，也处于一个反复、重复的过程中。②比如前文中所论述的萨义德、斯皮瓦克或霍米·巴巴，他们都是来自第三世界的知识分子，但是由于在西方国家长期地学习与生活，让他们的语言、行为与思维都与西方的知识

①翟晶：《霍米·巴巴的身份观》，《世界美术》，2010年第4期。
②Homi K.Bhabha.In The Location of Culture,London and New York:Routledge,1994.

分子非常相似，但是他们永远都不是西方人，也不是完整意义上的非西方人。他们的身上具有双重的特性，也具有部分的特性，无论是双重的还是部分的，都不能完整地代表他们。他们的外在形象处于一个反复、分裂和延异的过程中。如果试图将这类人的身份进行图式化，我们能看到其一方面是身体与存在，另一方面是认同，二者具有双重性。如果我们根据身体与存在来判断其身份，结果是局限的，如果根据认同来判断其身份，这个身份便不是固定的，也可以说这个身份永远无法被完成，总是存在于"居间"与"之外"。当我们对身份进行分析时，总是希望能够细致地观察客体，但却忽略了我们自身是站在一个不存在的位置上的，我们并没有主体的位置。在这样的情况下，我们可以称之为"缺席"，这种"缺席"从某种程度来说也可称之为"在场"，只是我们的"在场"并不是稳定的存在，而是一种"再现"，"再现"的过程是一个认同再现的过程，不断地进行接纳与摒弃，在这个过程中我们不断地接近身份。

身份中不仅有自我，还存在一个他者。自我不是一个系统的形象或固定的位置，他者也无法被追溯源头，可以说他者是矛盾并且分裂的位置。他者也是身份这个问题中的重点，是身份的"移动的边界"。霍米·巴巴认为他者之所以对于身份来说非常重要，是因为其援用了一个互异系统，成为身份中的差异化力量。他者让身份永远存在于一系列的矛盾和差异中，因为他者的原因身份无法拥有固定性和原初性。霍米·巴巴在对他者进行阐释时，引用了拉康的精神分析和德里达的解构主义并对后结构主义理论进行了创造性的运用。拉康不认同西方传统哲学中对于自我的阐释，自我不是笛卡尔提出的人类的"思"与"在"，他认为自我是与他者混合的产物。拉康认为，个体的自我形成是通过婴儿与其反射镜像相认同而产生的。当婴儿在反射镜中看到自己的外在形象，察觉到镜子中自我的改变与外界的关系时，特别是当婴儿发现自己的动作能够使镜子中的自我形象发生变化时，婴儿会本能地模仿这一现象，与镜子中的自我形象进行认同，并相信自己具有掌控自我形象的能力。在这个过程中，婴儿会开心地笑着，向镜子投以欣喜的目光，同时认可镜中笑容是自己的。婴儿在形成自我意识时，最初会借助自身之外的形象，即他者。实际上，婴儿不仅与自己的镜像产生认同感，由于本能驱使下的模仿行为，婴儿也会与他人或物品产生认同，这些他者将成为自我认知的一部分。在自我与他者的关系中，自我是依赖于他者而存在的，可以说主体是被建构出来的，是分裂的。主体的特征除了分裂之外，还有想象中的统一。由于在镜像阶段，婴儿与他者的认同过程是在想象中进行的，从而建立其自我意识，所以在婴儿的想象中他者并不是外界的异己，而是与自我的统一。在这样的过程中，自我不仅没有意识到自己是他者，还会认为自我不是他者，自己是能够吸纳他者的，他者能够为自己所利用，他者能够成为自己的一部分。拉康将这种自我与他者进行想象性认同的特征称之为异化，将他者形容为"拥有两个入口的母体"，他者无法与自我完全区分。他者与自我联合，二者组成了主体，二者的共存让主体拥有分裂性与双重性，所以只有双重的维度才能描述身份，垂直的维度无法直视身份。霍米·巴巴在此基础上认为身份同时具有可能性与不可能性，身份通过缺席而获得在场。比如来自非西方国家的知识分子，当其接受了西式教育，自我意识将通过与西方的认同过程建立。由于他者的在场，他的身份将是分裂的、双重的，不会出现一个稳定的主体身份。从殖民与被殖民者的层面来看，殖民者在与被殖民者接触、来往的过程中，不可避免地在各个方面与被殖民者产生联系，这对殖民者的自我意识也将造成影响。殖民者与被殖民者通过长期的经济往来、政治统治与文化交流，让他们无形中产生了认同。由于殖民关系中统治与被统治的特殊性，殖民者的自我意识是通过否定式来进行建构的，比如说当殖民者看到被殖民者时会认为自己绝对不是这样野蛮、卑劣的人，自己绝不是黑人，自己绝不是奴隶，等等。但是这样的否定式也侧面说明了被殖民者的在场是非常重要的，无论殖民者对于被殖民者的态度是肯定还是否定，都无法排除被殖民者的在场，被殖民者通过缺席的在场构成了殖民者的身份认同。在这样的情况下，殖民者的认同成为一个异化的过程。殖民者与被殖民者的关系既存在着认同又存在着排斥，二者之间是分裂的、双重的，分裂与双重构成了殖民关系的基本特征。霍米·巴巴认为殖民者与被殖民者之间的二元对立关系要比萨义德在《东方学》中论述的更为复杂，他认为殖民者与被殖民者之间不仅存在着对立，还存在着复杂的心理联系。①霍米·巴巴提出了"模拟"和"模拟人"两个概念来阐释二者之间的复杂的心理关系，他将存在于殖民者和被殖民者之间的一类人称之为"模拟人"，"模拟人"从血统与肤色上来看是被殖民者，从观念与思想上来看是殖民者的模仿者，这类人可以理解为是二者之间的"译者阶层"。殖民者企图用本国的文化将被殖民者同化，控制被殖民者的意识形态，这就是模拟人存在的目的，这个过程也揭示了通过文化实施殖民或帝国主义的本质。但是模拟二字并不代表完全的复制，模拟代表着的不是真正的殖民者，所以模拟带有一种干扰的力量，是干扰后殖民话语的力量。模拟的过程中显现了殖民话语中的矛盾性，突出了被殖民者本土文化对于殖民话语的批判和抵抗。

霍米·巴巴论述了他者对于主体身份建构过程中的重要性后，揭示

---

① 巴特·穆尔-吉尔伯特：《后殖民理论——语境 实践 政治》，陈仲丹译，南京大学出版社，2001年版，第117页。

了他者在其中的运作方式，并且在德里达的基础上引入了"反复"的概念。德里达在论述弗洛伊德精华分析学时提出了"书写"的概念，他认为在欧洲的传统中，通过压抑书写形成了逻各斯中心主义和语音中心主义的统一体，所以想要解构逻各斯中心主义就需要用书写模式来代替语音模式。[①]德里达认为书写隐喻了人类记忆与人类生存，通过反复的过程从而形成烙印。反复不意味着粗略的重复，而是一个延异、补阔和粉饰的过程。在反复的过程中存在着间隙，原初性是不存在的，意义是可以在特定的语境下被翻译的，但是意义也不断地在新的语境下被再现。所以书写意味着反复与多重，书写意味着差异，书写不可能只以一种思想或模式为中心。德里达认为中心没有自然的场所，中心不是一个固定的地点，中心是一种功能，是一种非场所。[②]在此基础上，书写模式具有消解中心主义与本质主义的功能，通过反复的动作让他者出现，他者对原初性将进行修正。在反复的过程中，抵抗与相异的因素会不断地动摇它，原初性与固定的意义都将被消解。

霍米·巴巴在书写模式理论的视角下对身份进行了论述，他认为在身份建构的过程中，反复产生的影响不容小觑。反复不是简单的重复，反复让不变的的意义被动摇，让明晰的位置被模糊，人们将对主体的身份提出质疑与对抗。比如在殖民地的特定环境中，宗主国的穿着、语言、行为与传统无不象征着欧洲民族的高贵身份。但是反复让这一情况发生了变化，由于被殖民者中的精英知识分子穿上了欧洲民族的服装，学会了欧洲民族的语言、行为和传统并使用时，这是一种对于欧洲人的反复。通过这样的反复过程，在殖民地上使用欧洲的语言和礼节，这一高贵身份的意义将不再确定，这些行为也无法再代

---

①汪堂家：《汪堂家讲德里达》，北京大学出版社，2008年版，第52—54页。
②冯俊，洪琼：《后现代游戏说的基本特征》，《中国人民大学学报》，2009年第2期。

表固定的身份。霍米·巴巴认为反复的过程异化了被殖民者的叙事，也异化了殖民者的监管，反复的过程让我们不能再用二元论来界定权力。①反复的过程总是伴随着延异的作用，当身份建构时引入差异解构，这让身份不再拥有稳固的位置，殖民者与被殖民者都无法成为中心，都不占据某种极端的特性，被殖民者永远无法摆脱殖民者的文化影响，殖民者也永远无法摆脱与被殖民者产生的种种联系。因此，霍米·巴巴认为不存在纯粹的种族，人类要面对一个混杂的世界，这也是后殖民话语中的混杂性。

霍米·巴巴认为反复的过程产生了差异，差异是无法超越也无法否定的，差异存在于一切的属性之中，我们无法找到某种固定且不可更改的身份或意义。差异是流动的，也是功能性的和结构性的，差异让一切属性不断地被移动位置，也让一切本质论都被消解。后殖民话语中的差异结构让人类主体与人类社会不再稳定地依附于西方哲学传统的主体论和认识论上，将人类主体和人类社会放置于浮动的背景下，在这个背景下没有固定的意义存在。在这样的观点下，霍米·巴巴延续了德里达的"不可决定性"概念。德里达认为由于他者的存在让身份与意义不断地反复，让其无法拥有确定性，所以形成了不可决定性。霍米·巴巴认为不可决定性存在于部分与整体、过去与当下、自我与他者的意义中，因此可以说后殖民话语中的主体身份不存在于东方学传统话语中，也不存在于后殖民境况下，也可以说这主体身份不存在于过去和当下，而是存在于过去和当下之间的不可决定的空间中。霍米·巴巴认为对于主体身份的界定不能以理性与感性、文明与愚昧、黑人与白人等作为判断标准，不能陷入殖民历史传统二元论的

---

①Homi K.Bhabha.In The Location of Culture,London and New York:Routledge,1994.

框架中；同时由于主体身份缺乏稳定性，所以也不能通过国家、民族或宗教等当下的情况来判断。霍米·巴巴之所以提出这样的观点，是因为身份属性不存在稳定性，只存在各种因素的具体交集。当具体的条件不同时，身份属性将发挥不同的功能。比如一位"在美国高校工作的印度教徒知识分子"并不是一个固定不变的身份，只是一种功能性的交集。当他在大学的课堂上为学生讲授课程时，他的国籍与宗教身份不是最重要的，他只是一位教师、大学教授和知识分子；但是当有色人种在反抗美国社会的种族歧视时，他的身份是有色人种的成员之一；当印度教徒反抗对宗教信仰的歧视时，他的身份是一名宗教人士。通过上述事例证明了个人身份的不可决定性，群体身份的界定也是如此。霍米·巴巴不提倡用国家、民族、宗教等本质性属性来界定一个群体的身份，他认为"社群"可以替代以上的概念，因为社群具有灵活性与多变性。不确定性是群体身份的唯一归属点，是不可预测的潜在可能性。霍米·巴巴指出，社群身份是利益关系和差异再现的结果，在特定语境下翻译并重新塑造意义。

霍米·巴巴将后殖民话语中身份的特征归纳为非实体性，是一种功能性的结构，是特定关系的再现。它通过反复的过程逐渐显现，并通过不断地变异和补充，在具体的语境中被确立了合法性。因此，霍米·巴巴认为身份中不存在中心，身份是一个复数的形式，身份的特征让一切带有本质性的属性都无法成立。霍米·巴巴对于身份建构理论的阐释体现了其理论创新能力和理论创作深度，他对于身份内涵的解读与认知也成为其后殖民文化定位理论的基础。

第三节　文化定位理论的最终旨归

进入21世纪以来，经济全球化的浪潮席卷整个世界的各个角落。在经济全球化的背景下，国际社会出现了文化全球化的显著趋向。[①]文化成为西方国家输出资本主义价值观的途径，威胁着其他国家文化存在和发展的独立性。在这样的背景下，文化帝国主义思潮成为当代学术研究的重点。文化帝国主义思潮是一个发展的过程，后殖民主义理论在其中扮演了重要的角色，成为政治、哲学、文学等领域的研究热点。在后殖民主义理论的研究中，"多元文化"一词出现的频率越来越高，体现了全世界共同面临的多民族共存的现状。在原殖民地国家纷纷走向独立后，从前被压迫与剥削的人民意识到本土文化对于一个国家的重要性。与此同时，被殖民者对于种族歧视的勘察也愈加敏感，对此表现出来的反抗愈加强烈。种族歧视已经给世界的和平稳定带来了威胁，给多民族共存的现状带来了风险，如何解决这个问题，成为当今世界迫在眉睫的疑难课题。在这样的背景下，"多元文化主义"的出现像一缕曙光，为多民族共存提供了更广阔的思路。"多元文化主义"一词出现的初衷是用来形容教育制度、课程设置与社会构成中出现的多种文化共存的现象。当一个社会中出现并存在了多种的民族、宗教、价值观、语言等因素时，多元文化的问题迎面而来。由于不同的文化就像百花齐放的花园，每一种文化都具有各自的特点，究竟哪一种文化应该异军突起，成为这个社会的主流与中心，没有成

---

①陶广峰等：《经济全球化与中国经济法》，中国检察出版社，2006年版，第20页。

为主流的文化该如何存在，又或者各种文化该如何和谐相处……这些疑问让文化间产生了剧烈的冲突。当文化问题与殖民问题联系到一起时，文化和民族主义也产生了碰撞。无论是在殖民与民族独立运动漫长的历史过程中，还是在后殖民时期，西方国家都奉行文化输出与文化侵略，非西方国家高举本民族文化的旗帜来对抗文化的边缘化与种族歧视，可见文化的问题在二者之间处于敏感且焦灼的位置。

　　霍米·巴巴作为后殖民主义学者，从拉康式的精神分析角度对西方文化霸权通过意识形态来掌控非西方国家的真实目的加以分析与批判。他在《后殖民与后现代》中提出后殖民批评的目的是揭露三种社会病理，首先是揭露在当代世界对于政治权威与社会权威的争夺过程中，通过文化层面表现出来的不平等和不均衡的力量对比关系；其次是揭露西方的权力话语是如何输出至不同的国家和民族，并为其设定霸权主义规范的；最后是揭露现代性的"理性化"过程中，被遮掩和压抑的内在矛盾与冲突。在后殖民和后现代的思潮下，霍米·巴巴认为真正的知识分子必须要对自己的性别、文化身份和阶级民族立场进行思考甚至提出质疑。由于语言差异性的存在，通过语言来实现完全的、彻底的"思想对译"是十分困难的，知识分子究竟应该如何利用思维方式、话语方式、言说方式才能真正地发声。审视当代社会的各种话语，其中隐藏了话语暴力与意义误读，还存在着文化危机与文化矛盾。当人们意识到并且承认话语中的危机和矛盾时，才能真正促进话语的进行和理解，否则对话将沦为掩盖文化霸权的文化策略。霍米·巴巴的后殖民文化定位理论不是定位在后殖民宗主国的文化普遍性上，也不是完全定位在抹平差异的多元话语上，而是定位在处于中心之外的边缘文化疆界上。这使霍米·巴巴的后殖民主义研究成为一个不封闭的、处于未完成的状态的区域。霍米·巴巴不认可普遍性的潮流，提倡边缘文化立场。他认为被压迫的非主流弱势文化有能力对占主导地位的主流文化或殖民文化进行改写，这种改写不仅从话语权力、价值批判等文化层面，也可以从经济或政治层面进行。对主流文化的改写是第三世界文化获得合法性的重要方法。霍米·巴巴认为在第三世界对第一世界进行改写时边界的处理非常重要，需要对性别歧视、帝国主义、新种族主义持坚定的反对立场，对忽视文化差异的行为进行批判。霍米·巴巴在论述西方霸权主义对东方文化的侵蚀外，还重点论述了东方文化对西方文化入侵的抵抗，并且提出了基于解构主义的文化多样性思想，认为不同文化之间相互影响的结果不一定是文化融合，更多的情况下是文化杂交。

1　文化多样性理论

在殖民时期，对于宗主国与被殖民国家二者之间的民族共存问题，殖民地的宗主国文化也可以说是主流文化会采取文化灌输、强制同化等方式来解决。宗主国的主流文化将在教育、媒体、法律等领域建设公共机构或颁布一系列的制度来强行灌输其文化。西方文化霸权通过控制意识形态进而控制被殖民国家的其他领域，而意识形态的入侵很多情况下是无意识的，在这个过程中不断发生变化，被殖民者的状态从被动接受到主动接受，从被迫感接入到适应感接入。宗主国逐步将以西方为中心的主流文化取代本土的非主流文化，或者试图让本土文化渐渐消失，通过这样的方式最终达到文化统一的目的。20世纪民族独立运动兴起，原殖民地国家获得独立，开启了本民族文化振兴的道路。在这样的背景下，原本的强制文化输出与文化同化等方式已经不再适用，应对文化问题的其他方式应运而生。其中推动多种文化共存的方式主要有两种，分别是"大熔炉"与"大杂烩"。"大熔炉"指的是在同一社会环境下共存的多种文化进行磨合，共同融合进入一种文化；"大杂烩"指的是同一社会环境下包容多种文化共存，主流文化大放异彩，非主流文化同样张扬个性。"大杂烩"的方式近似于多元文化主义的方式，在这种方式下文化多样性得到了发展，也被越来越多的国家接受与提倡，用此方式来解决多民族共存所带来的各种问题。但是多元文化主义也存在着自身的问题，一方面多元文化主义被不同的国家接纳的程度与方式有所不同，另一方面多元文化主义在实践中没有让非主流文化完全摆脱主流文化的评判，没有完全地保证事实上的二者平等。

对于多元文化主义存在的问题，霍米·巴巴认为多元文化主义与自由主义的意识形态相联系，自由主义的意识形态意味着主体建构出一个自己的对立面，通过包容自己的对立面来彰显主体的宽容性、相对主义与人本主义，可以说西方国家通过"大杂烩"的方式进行的就是这样的行为。西方国家首先站在白种人的角度，将与自身不同的异己文化建构成为对立面，接着他们用文化宽容的心胸与格局给予异己文化在主流社会的边缘一点点生存的空间。由于西方国家这份包容的态度，让异己文化被迫处于一个必须接受主流文化批判的角色，异己文化在包容之下必须要按照主流社会所设定的模式来呈现。这也是当下社会一直没有解决这一问题的原因，非西方国家无论如何高举本民族文化振兴的旗帜，无论如何来推动本民族文化的发展，最后却总是扮演着主流文化点缀者的角色，是在西方主流文化的包容下得到宽容的奇观而已，无法摆脱西方社会的评判。可见这样对抗西方文化的方式是缺乏创新思想的，也是有局限性的。霍米·巴巴认为文化多样性实质上仍然是整体论，依然是站在中心的位置去解释边缘，处于边缘的文化很难发出自己的声音。

在文化多样性与多元文化主义之外，霍米·巴巴提出了"文化差异"的概念。霍米·巴巴认为文化和身份是一样的，都是一种功能性结构，没有先存的、固定的身份，也没有先存的、固定的文化。文化在特定的情境与关系中，以特定的方式出现，不具有本质性，只存在着临时性。身份没有中心，文化也一样没有中心，所谓的文化权威只是一种矛盾与局限的存在。文化权威总是试图宣扬自身的文化先进性与优越性，但是这些特征只能在差异化的过程中被建构出来。在殖民者与被殖民者的关系中，殖民者尊奉自己的文化为优势文化，应该占据统治的地位，但是其优势只能在与殖民者发生关系时才能建构出来，这种优势本身是不成立的。在殖民者与被殖民者发生关系的过程中，原本的殖民文化必须要为了适应被殖民者而进行调整，所谓的宗主国的优势文化变得不再纯粹。所以文化权威其自身具有不稳定性，文化权威其实一直处在不可消除的矛盾之中。霍米·巴巴认为文化充满了矛盾、混杂、缺失，文化无法保持完整，我们要用文化差异而不是文化多样性的视角去理解社会问题。在殖民问题上，其自身具有内在的矛盾性。宗主国的制度倡导自由与民主、平等与进步，然而当宗主国制度在殖民地开始启用时却变成了压迫被殖民者的制度；被殖民者在接受宗主国的制度与文化时，无形中将原本"先进"的文化融入了自身民族的特性与风俗，二者整合后得到的产物变得自相矛盾。因此殖民话语也是分裂的，在殖民关系中出现的文化形态都是在差异化的过程中被建构出来的。所以霍米·巴巴提出了这样的隐喻，他认为主人与奴隶二者之间无法分辨，只有主人和被奴役的主人，以及没有主人的奴隶。无论是殖民时期还是后殖民时期，"殖民"二字给整个世界带来的影响都是巨大的。文化差异不但可以阐释殖民时期的文化问题，对于现代社会的文化问题也可以带来参考。殖民的历史无法拥有整体性与纯粹性，现代社会中也是一样，各种文化相互交错，并且在交错的关系中分别界定除了自己的位置。不同的文化、不同的社群如果朝着相互理解的方向去努力，那么各自将不能完全站在自身的视角去进行，而是需要站在交错点上，用"文化翻译"的视角进行理解。霍米·巴巴用"翻译的视角"这一概念来论述文化的相互理解与翻译的过程相似，在试图还原原文的含义的同时又不可避免地带入翻译者自身的文化、风俗、思维及语言习惯。所以，无论是翻译还是对于其他文化的理解上，人们都无法摆脱自身的痕迹。霍米·巴巴认为对于"文化翻译"的理解有助于人们保持对于不同文化的尊重，让人们脱离不同文化不能相互理解的漩涡，也让人们不去强硬地按照自己的方式来理解与界定其他文化。霍米·巴巴提出"文化差异""文化翻译"等概念的目的也是如此，用以来解决当代社会中出现的种种文化冲突问题。在此基础上，霍米·巴巴试图通过自己的理论来实现消解本质论与整体论，重树文化之间的混杂关系，让无论是民族与宗教，还是社群，都能够彼此共存与理解。

2　第三空间理论

霍米·巴巴吸收了萨义德、法农和拉康的思想，探究了文化差异和文化方位的内涵，认为"背靠文化差异的概念，我试图把自己放在界线性的立场，放在作为差异的文化的生产性空间之中，放在差异或他者性的精神之中"[①]。文化的生产性空间构成了另一个学术空间，在这

①Rutherford J.The Third Space:Interview with Homi Bhabha,London:Lawrence and Wishart,1990.

个空间内西方标签将文化定位在一个局限性的位置上。霍米·巴巴将文化多元性阐释为一种控制和围堵，西方主流文化会制定符合自身价值形态的范式，将他者文化圈定于自己所设定的范式和网络之中，创造文化多元性、围堵文化差异的内涵都是如此。但是文化差异不可能被围堵在象征着自由和民主的普遍性框架中，因为这些差异文化经常是不可度衡的，他们无法按照某种次序或逻辑进行分门别类，霍米·巴巴在此基础上提出"第三空间"的观点。为了更好地阐释文化差异的围堵，霍米·巴巴引入了"混杂性"的概念，将它放置在另一种三维辩证的、作为他者的第三化型之中。文化的所有形式在持续不断处于混杂性的过程之中，混杂性的重要性在于能够引出让各种立场都得以存在的"第三空间"，可以说文化混杂性引发了不同的视角，挖掘了从前未被认知的位置，带来了崭新的意义①。霍米·巴巴提出的"第三空间"概念一直处于边缘之上，代表着在无意识中遮掩了时间对空间悠久特权的批判历史意识。在《文化的定位》中，霍米·巴巴完善了其"第三空间"文化政治的策略构想，帮助"第三空间"摆脱西方霸权主义和历史主义。霍米·巴巴将殖民地人民的生活划分为两大空间，分别是公众空间和私人空间。公众空间包括政治、经济、文化、社会等可见的公众领域，也包括传媒、书报、公众舆论等软性的公众领域。西方国家奉行的民主与殖民主义的输出是在公众空间中进行的，民族主义的抵抗运动也是在公众空间中进行的。当原殖民地国家试图获得独立，拉开了对抗殖民压迫的帷幕时，公众空间是其首选的舞台。无论是政治运动、经济策略还是文化的宣扬等抵抗行为都是在公众空间进行的。但是公众空间存在着局限性，公众空间是按照殖民者的方式所设定的，被殖民者的抵抗活动如果在殖民者所设定的空间

①张旭鹏：《"庶民研究"与后殖民史学》，《史学理论研究》，2006年第4期。

内进行，那么其行动很难进行得彻底，最终的结果也很难是胜利。

面对这样的问题，霍米·巴巴提出了"无家性"的概念，用以探讨抵抗殖民活动的空间问题。"无家性"指的是在殖民和后殖民的关系中，被殖民者无法通过追溯本民族的过去与历史来找到自身的文化方位，而是应该将自身放置于文化间的交错点之上，在各种元素的组合和碰撞中找寻自身的临时性的位置。"无家性"也代表着一种临时状态，这种状态的期限可能是长期或永远。因为无论是殖民者还是被殖民者，他们的位置永远都是过渡性的，他们所奉行的文化也只能在当下呈现，文化永远无法保持一个恒定不变的形态。所以霍米·巴巴认为抵抗殖民不能采用宣扬民族传统的方式，如果用一种宏大的叙事来抵抗另一种宏大的叙事，那将无法实现最终的目的，对于殖民与后殖民的抵抗需要通过贯彻日常生活的细节来在当下实现。"无家性"也就意味着公众空间与私人空间不存在着鸿沟，二者之间不再划清界限，因为抵抗殖民的运动必须要在两个空间内进行，二者是相互交叉的。由于私人空间与公众空间的交叉，私人空间拥有了另一个维度，私人空间不再是完整和固定的，而成为一个过渡与临时的空间。比如在某项政治运动中，个人的府邸虽然是私人空间，但是却常常当作革命者聚集与开会的场所，各种商铺、商店可能是隐藏的武器与弹药的储藏室，私人空间就这样转化成了公众空间，成了政治运动的某个地点。而这些光明正大的政治运动不过是反殖民运动中的一小部分，更多的反殖民抵抗运动是在日常的生活中体现出来的。比如奴隶逃脱牢笼、工人罢工反抗，等等，这些都是悄无声息的抵抗运动，并且都是在私人空间进行的，体现了私人空间对公众空间的介入。除此之外，"无家性"还意味着民族文化混杂的状态，因为没有哪一种文化是永远原始与纯粹的，文化在差异中建构。因此，民族文化不是一个固定的"家园"，不能带给被殖民者永远稳定的"居所"，被殖民者无法依靠本民族的历史、神话、风俗传统等因素来与强势的西方现代文化对抗，这种二者对抗的二元论只能让民族文化沦为历史的遗留物或者是现代文明外的"奇观"。以民族和国家为主体的文化对抗没有脱离在公众空间内进行的两种宏大叙述的对抗，在这个过程中被殖民者或弱势一方无法摆脱被强势一方点评和掌控的结果。

霍米·巴巴认为人们需要在"无家性"中探寻自己的位置，在自身民族文化与其他文化的交错点找到自己的空间，将文化层面的抵抗放置于适合的位置，将抵抗的运动贯彻于日常生活的细节，用个体性的文化主导来对抗普世性的文化主导。"无家性"打破了公众空间与私人空间的二元对立，在此基础上霍米·巴巴引入了"第三空间"的概念，用以说明抵抗殖民运动空间的特征。第三空间指的是存在于各种文化"间隙"中的协商的空间。漫长的殖民历史让文化与文化之间得到了碰撞，在文化的交流与碰撞中巨大的文化差异显现出来，不同国家不同民族的人们无法在某一种文化的背景下实现相互融合与理解，只能通过翻译与协商等方式实现临时性的理解，达成临时性的共识。文化进行协商时所处的这个空间，可以称之为"第三空间"，"第三空间"不是一个实体的存在，它是一个交流的场所。在"第三空间"中，没有任何固定不变的意义，有的只是各种符号，这些符号可以排列组合，也可以变换形态，在不同的情境下这些符号能够呈现出不同的意义。"第三空间"的特征是能够摒弃文化与表达的原初性与纯粹性，让所有的意义需要通过翻译与协商的过程才能获得临时的合法性，从根本上排除了某种文化或价值观成为当代社会主导与中心的可能性。以民族主义为旗帜的宏大叙述并不能实现目的，只有通过"第三空间"的方式才能消解殖民主义的根基，也就是整体论和二元论的理论逻辑，霍米·巴巴认为"第三空间"是有效且彻底的对抗殖民的空间。"第三空间"与公众空间和私人空间存在着区别，"第三空间"不是通过可见的实体存在而被人们认知的。公众空间可以呈现为政治运动的宣传媒介，私人空间可以呈现为在私人府邸进行的革命者会谈，而第三空间没有像这样可以呈现出的确定的形态，只是文化与意义交流和碰撞处的"间隙"，"第三空间"永远无法拥有一个连续的、完整的形态。那么"第三空间"究竟可以呈现出什么样的形态或内容呢？答案是"第三空间"能够呈现像被殖民者那样的被压迫的人，又或者是像殖民地文化那种被压迫的文化。对于失去了确定身份的人来说，他们流散于不同的文化之间，他们无法拥有一个文化上的纯粹性与确定性，他们在理解符号时必须要将其放置于特定的情境，只有通过这样的方式才能适应不同的环境而生存。因此这部分人的主体是破碎的，所处的位置是文化的"间隙"，翻译和协商是他们必须要掌握的生存条件。综上所述，对于"第三空间"，霍米·巴巴的总结性观点是："第三空间"成为表达文化差异的先决条件，负担着文化的意义，让意识到它的人能够正确地认识民族主义与反民族主义，通过对"第三空间"的探索与研究，人们能够摆脱极端的政治，真正地以我们自己的他者这个身份出现。

霍米·巴巴在《后殖民与后现代》中指出"命题"与"非命题"之间的二元对立是片面的，在二者之间还有"命题之外"的"第三度空间"，第三世界文化与其宗主国文化二者之间也存在着一个"第三度空间"。霍米·巴巴用巴赫金的"杂交"概念来比喻后殖民文化与殖民地文化之间的"第三度空间"，这样的创新理论可以说颠覆了殖民话语中的单方向霸权，将其复杂的关系揭露出来。霍米·巴巴认为殖民话语想要发生效力，不能依靠单方向霸权的实施，必须和被殖民国家本土的文化发生一种杂交的过程，杂交的过程让殖民话语遭受流失，也让被殖民者的语言进入殖民话语，就像声音从单声道变成了双声道，让殖民话语受到了挑战和质疑。霍米·巴巴重点研究非西方文化对于西方话语霸权的抵抗，以及非西方文化对于自身文化身份的建构。他对于西方资产阶级的自由主义的历史理论和马克思主义历史唯物主义都持有质疑的态度，她不认同将人的发展作为标准来判断历史是否进步，她也不认同西方国家的文化比第三世界的文化更先进与高级，霍米·巴巴认为这是"时差"的问题，存在时差不代表着落后，反而代表了新的可能性和新的视角。

3　少数族理论

在文化策略的最后一部分，霍米·巴巴提出了"少数族"的概念。"少数族"指的是特定的一部分人，他们没有确定的身份、总是处于"居间"、作为"部分在场"而存在，比如移民者、流亡者、跨国商人、混血儿等。他们最不能接受的是二元论逻辑，他们在民族问题上具有混杂性。除此之外，社会中的其他弱势群体，比如女性、儿童、情感类疾病患者及心理疾病患者等，也可以被划分进入这个行列。因为这部分人的数量在整个世界范围内属于少数，所以称之为"少数族"。当一个民族排斥移民者、流亡者等"少数族"的时候，他们是通过驱赶异己者来保证自身民族的纯粹性的，并且通过自我的认同感来找到其凝聚点。但是，他者其实是被自我包含其中的，对于他者的认知本质上是对自我的一种投射，因此通过排斥他者而获取的认同是十分不稳定的。对于一个民族来说，少数族并不是外部的存在，无法用其来划分民族的边界。民族本身就不带有原始性，是通过各种各样的叙事而建构起来的，如果没有他者的存在就无法建构自我。就好像如果"非西方国家"不存在，"西方国家"的概念也就毫无意义，西方世界也无法凝聚成为一股强势的力量，将其权力强制输出至世界的各个角落。可以说民族的构建中就包括他者，也包括那些本民族试图排斥的对象。在此基础上，霍米·巴巴对于"少数族"的论述引用了德里达的"增补"概念，他认为对于一个民族而言，"少数族"是一种"增补"，他们被添加进入一个民族，既无法融入这个民族，又无法成为一种独立的存在，但是他们却从根本上模糊了这个民族的边界，摧毁了这个民族的整体性，改变了这个民族的构成。"少数族"由于同时具有两种或多种文化背景，他们对于各种文化的理解都需要通过"翻译"的过程来进行，他们所处的空间为意义的流通提供了场所。霍米·巴巴认为在"少数族"身上明显地看到了"第三空间"与"文化差异"的理论，"少数族"处于各种文化的"居间"，通过翻译和协商来对事物进行理解，在他们身上进行着各种意义的反复。在"少数族"身上人们看不到主流、权威、霸权等词语，无论哪一个国家或民族都无须担心"少数族"会提起霸权主义，因为他们是站在"世界主义"视角的人。"少数族"是当今世界中承载的文化负担最轻的一部分群体，他们不会将世界统一作为最终旨归，不会追求某种价值或意义的普世性，而是试图在不断地理解各种文化的基础上，谋求相互的理解与尊重。霍米·巴巴认为也许在未来的某一天，"少数族"将成为世界中最具有活力的、最具有力量的、能够开创崭新模式的一群人。

小　结

综上所述，霍米·巴巴吸收了德里达、弗洛伊德、法农、拉康等学者的观点，解构主义和精神分析方法成为霍米·巴巴重要的方法论，奠定了其后殖民主义理论的主体基调，形成了其独特的理论视角，让霍米·巴巴的后殖民主义理论取得了重要的地位，成为当代西方后殖民主义理论思潮的代表人物。通过全面考察霍米·巴巴的学术轨迹，分析其代表性著作和主要理论观点，可以对霍米·巴巴的后殖民文化定位理论的主要贡献做出如下总结：首先，霍米·巴巴将马克思主义和后结构主义进行杂糅，将二者融为一体，并逐步将其理论发展成为一种具有挑战性、解构性的鲜明批判风格[1]；其次，霍米·巴巴的文化多样性思想与混杂概念的提出让学术界对于文化身份认同和"少数族"的问题开始重视并重点研究，态度坚定地为第三世界知识分子与批评家发声；最后，霍米·巴巴提出的模拟概念对第三世界知识分子或者后殖民主义批评家的西方文化霸权反抗策略起到了非常大的启迪作用。总的来说，霍米·巴巴的后殖民主义理论研究成果能够代表当代后殖民主义理论学术发展的最新阶段，能够代表全球化时代的后殖民主义批判，为消解西方帝国文化霸权的总体目标作出了非常大的贡献，让第三世界批评从边缘开始向中心运动，让文化多样性的最终旨归接近实现。

---

[1] 胡友珍，梅然：《后殖民主义理论的中国话语》，《中国农业大学学报（社会科学版）》，2010年第2期。

第五章　马克思主义理论视域下的
文化建构理论研究

在当代文化建构理论中，后殖民主义理论与马克思主义理论之间的关系是复杂的，无法简单地总结后殖民主义对于马克思主义的态度是完全继承或完全批判。后殖民主义理论很大程度上吸收并继承了马克思主义理论，比如马克思关于资本全球化的观点和反殖民主义思想等。在此基础上，后殖民主义理论试图对马克思主义进行拓展与深化，比如对殖民主义、反殖民主义、无产阶级概念的探讨等。但是，后殖民主义也对马克思主义存在着误读与局限，比如质疑马克思的历史唯物主义、反对马克思主义的本质主义思维方式与历史进步论等。本章将重点论述当代文化建构理论中的后殖民主义理论与马克思主义理论之间的复杂关系，在马克思主义理论的视域下探讨后殖民主义的理论价值与局限性。

第一节　文化建构理论对马克思主义理论的
继承与拓展

马克思主义理论为后殖民主义提供了科学的理论背景，其中资本全球化理论和反殖民主义理论给后殖民主义理论的产生与发展带来了巨大的影响。后殖民主义在马克思主义的基础上更加立体地展现了帝国主义、殖民主义的侵蚀，从更加独特的视角提出了观点，比如多元文化混杂的文化观、第三世界知识分子、女性运动等，这些观点与理论具有创新性与启发性，拓展了马克思主义对于反殖民的论述。

1 继承了马克思主义的资本全球化理论

虽然在马克思的著作中没有明确提及"全球化"这一概念，但是当今时代的全球化发展现状基本符合马克思关于全球化框架的设想与预估。马克思关于全球发展的观点与论述不但有助于学术领域更加深刻地理解现实问题，也为当今文化建构理论尤其是后殖民主义理论提供了重要基础。马克思关于资本全球化的观点主要包括四个方面：首先，资本的全球性扩张是大势所趋，其本质是资本主义的全球化；其次，全球化的发展进程虽然无法阻挡，但是全球化无法让世界各国都统一成一种发展模式，部分国家可以不经历资本主义的全过程而进入社会主义；再次，当资本扩张到经济文化落后的地区，其实现方式中必然存在着暴力，也必然会导致被压迫人民的反抗，人民的反抗将支撑工人运动；最后，只有当全世界无产者联合起来时，无产阶级革命才能胜利，而全球化才能实现全世界无产者的国际联合。①

由于资本家不满足于当前区域内的利润，所以开始不断扩大产品生产的规模与产品销售的渠道，所以全球化的道路起始于资本主义的扩张。资本家开启了扩张的行动，前往世界各地落户与生产，一步步地

---

① 王东，丰子义，聂锦芳：《马克思主义与全球化》，北京大学出版社，2003年版，第224—225页。

建立起全球性联系。随着全球性联系不断地建立，资本家不断将资本主义生产方式输出，迫使经济落后的地区吸收资本主义的生产方式，资本主义生产关系也不断拓张，进入全球性阶段。《共产党宣言》中指出，是资本主义的拓展引起了全球性的变化。马克思认为："一切固定的僵化的关系以及与之相适应的素被尊崇的观念和见解都被消除了，一切新形成的关系等不到固定下来就陈旧了。一切等级的和固定的东西都烟消云散了，一切神圣的东西都被亵渎了。人们终于不得不用冷静的眼光来看他们的生活地位、他们的相互关系。"①资本在全球的输出过程是一股不可逆的趋势，其本质可以说是资本主义的全球化。随着资本不断联结世界市场的边界，也将国家与国家之间相连，众多国家的生产与消费也顺其自然地联系甚至捆绑到一起。当资本到达一片土地时，本土的民族产业将经受洗礼、更新与迭代，部分本土生产的产品将被资本主义生产的廉价产品淘汰。资本主义先进的工业手段将代替当地传统的手工业，为本土生产行业带去巨大的生产转变。比如生产所需的原料不局限于本土，可以通过其他国家输入，而生产出来的产品也不局限于本地区消费，可以输出至其他国家。在这样的情况下整个世界通过资本而相连，原来的封锁闭塞在国家间贸易往来的情况下被打破，整个世界也都将被这个整体趋势影响。但是马克思依然认为全球化并没有完全局限人类社会的发展道路，也没有统一所有国家的发展与未来。一个国家依然可以选择适合本国情况的道路，并不是每一个国家都必须要走过资本主义的全过程，社会主义也是一条光明的大道。在《共产党宣言》中，马克思指出资本主义的灭亡和社会主义的胜利是同样不可避免的。对于俄国问题，晚年的马

---

① 《马克思恩格斯选集》（第1卷），人民出版社，2012年版，第403页。

克思明确提出俄国可以不经历资本主义的发展阶段而直接进入社会主义。马克思认为虽然每个民族所处的历史环境不同，但是并不是所有的民族都要走向资本主义的发展道路，资本主义的历史必然性限于西欧各国。由于俄国农村公社所具有的特殊性，具有原始农村公社的特征并且与资本主义处于同一个时代，俄国如果能够吸收资本主义生产方式的"肯定成果"，改造而不是破坏农村公社的古代形式，那么俄国可以不通过资本主义制度的"卡夫丁峡谷"，而把资本主义制度的一切肯定的成就用到公社中来①，就可以直接进入社会主义。马克思的观点是辩证的，一方面他认为世界的整体性发展趋势是资本主义方向，另一方面他没有限定这一种模式，马克思预判了可能出现的不同现象甚至是反方向的发展道路。②

在资本扩张的过程中，暴力压迫和暴力反抗随之产生。资产阶级不断通过殖民侵略来掌控经济落后的国家，通过霸权实施来控制殖民地和人民，在全面控制殖民地后将西方资本主义制度输出到殖民地。马克思与恩格斯对资本主义这样的掌控方式进行质疑与批判，资本主义所输出的霸权并不能为殖民地以及人民带来福音。恩格斯认为："你们消灭了小的垄断，为的是一个巨大的根本的垄断，即私有制能够更自由地漫无止境地发展起来；你们把文明带到世界的各个角落去，为的是夺取新的天地来施展你们的卑鄙的贪欲；你们使各民族结为兄弟，但是是盗贼兄弟。"③马克思认为资本主义的全球扩张伴随着压迫与反抗，他深刻谴责了资本主义全球化带来的血腥与暴力。面对英国对印度的残

①《马克思恩格斯全集》（第25卷），人民出版社，2001年版，第461—462页。
②宋雪玉，孙威：《马克思关于全球化的四个主要观点》，《祖国》，2017年第7期。
③《马克思恩格斯全集》（第1卷），人民出版社，1956年版，第602页。

暴镇压，马克思在《不列颠在印度的统治》中指出，虽然帝国主义的扩张为一些非工业国家带去了资本、科学技术和先进的生产方式等，但是帝国主义霸权实施的过程并不是完全进步的，英国的殖民统治给印度本国以及人民所带来的巨大伤害是不能忽视的。马克思揭露了英国所犯下的罪行，公开与印度人民站在同一立场，对于悲惨的印度人民，马克思深表同情并且撰写多篇文章来表达自己的原则与立场。马克思认为："只有在伟大的社会革命支配了资产阶级时代的成果，支配了世界市场和现代生产力，并且使这一切都服从于最先进的民族的共同监督的时候，人类的进步才会不再像可怕的异教神像那样，只有用人头做酒杯才能喝下甜美的酒浆。"①伴随着血腥与暴力的资本输出也将受到强烈的反抗，马克思认为殖民地国家的阶级斗争促进了东方国家的发展，东方国家的发展也有利于殖民地国家的抗争。无产阶级革命胜利的先决条件是全世界的无产者联合起来，那么全球化的过程便有益于革命的胜利，因为全球化不但让整个世界联结到一起，也让全世界无产者实现了国际联合。资本主义的全球输出与扩张也成为世界革命的前提，为世界革命提供了对象。资本的输出和本土的更替过程，让全世界大部分的无产阶级遭受了资产阶级的奴役。当无产阶级开始觉醒，试图摆脱剥削与压迫的时刻，联合与革命成为他们奋斗的目标，暴力成为他们独立的手段。工业让全世界各国通过生产和贸易相联系，通过资本主义输出的过程，资产阶级已经联合在一起。虽然生产的全球化无形中增强了资产阶级联合的力量，但是也同时给各国无产阶级机会，将无产阶级的利益紧密连接在一起。在这样的情况下，资产阶级和无产阶级两大阶级的斗争已经具有了世界性质。因

①《马克思恩格斯选集》（第1卷），人民出版社，2012年版，第862—863页。

此被压迫与剥削的人民也必须紧密团结，当革命发生在世界范围内，这一世界性矛盾才能得到解决，只有在世界范围内的不同国家共同革命，无产阶级才能取得胜利。马克思认为："民主主义的小资产者最多不过希望实行了上述要求便赶快结束革命，而我们的利益和我们的任务却是要不间断地进行革命，直到把一切大大小小的有产阶级的统治都消灭掉，直到无产阶级夺得国家政权，直到无产者的联合不仅在一个国家内而且在世界一切占统治地位的国家内都发展到使这些国家的无产者间的竞争停止，至少是直到那些有决定意义的生产力集中到了无产者手里的时候为止。"①而整个世界的无产阶级在面对强大的资本主义时需要互助与联合、奋斗与努力，当无产阶级联合起来时才能获得革命的胜利。

马克思关于全球化的观点为当代全球化研究提供了科学的理论渊源，全球化进程的发展并没有超出马克思的理论研究框架。马克思认为资本天然地具有按照价值形式的逻辑使这个世界同质化的趋势。通过马克思对于价值形式的分析可以得到拜物教产生的必然性结论，商品拜物教的产生促使了货币转化为资本，资本的本质就是价值增殖，资本积累的本质决定了资本主义生产方式不断地扩张。随着西方新自由主义政策的推行，全球资本主义不断发展，一步一步印证了马克思主义的观点。国际分工不断细化与完善，跨国企业飞速发展，在经济腾飞的同时各种矛盾也不断地出现，"全球"和"地方"出现利益的纷争，西方国家在发展经济的基础上不断对他者进行着文化的侵蚀。后殖民主义理论正是以马克思资本论的资本全球化与反殖民主义为背景，殖民话语中所揭示的文化霸权实际上是为全球资本的拓展而服务

①《马克思恩格斯全集》（第10卷），人民出版社，1998年版，第389页。

的，后殖民主义以此为基础对西方国家的殖民主义进行批判。马克思关于全球化的观点为后殖民主义理论提供了科学的理论背景和有益的启发与指导。

2　继承了马克思主义的反殖民主义思想

马克思深刻谴责了资本主义全球化所带来的血腥与暴力，同时强烈批判了西方殖民主义的压迫与剥削。马克思于1853年撰写的《不列颠在印度的统治》和《不列颠在印度统治的未来结果》是论述殖民主义问题的重要文章。①随着国家与国家之间贸易往来的迅速增长，国家与国家之间的外交关系也不断增强，国家与民族的区域历史将慢慢发展为世界历史。但是世界历史并不代表和平发展的历史，世界历史中依然充斥着落后与先进、野蛮与文明、侵略与被侵略。在1848年法国和德国革命后，马克思通过对法国和德国这两个资本主义国家革命经验的研究，撰写了《1848—1850年法兰西阶级斗争》等著作。马克思非常关注殖民地与被剥削人民的解放斗争，对殖民主义的问题展开研究并撰写了相关论著。②

马克思对英国殖民主义进行了强烈地斥责："当我们把目光从资产阶级文明的故乡转向殖民地的时候，资产阶级文明的极端伪善和它的野蛮本性就赤裸裸地呈现在我们面前，它在故乡还装出一副体面的样子，而在殖民地它就丝毫不加掩饰了。"③资产阶级面对本土人民

①陶德麟主编：《马克思主义哲学研究》，武汉大学出版社，2001年版，第63页。
②沙健孙：《学习马克思1853年关于印度问题的论文札记》，《思想理论教育导刊》，2010年第5期。
③《马克思恩格斯选集》（第1卷），人民出版社，2012年版，第861—862页。

时展示了其文明进步的一面，但是这是一副虚假的面孔。当资产阶级来到殖民地，原本文明的面貌瞬间改变，暴露了其极端伪善和野蛮本性。资产阶级卸下了身处故乡时的文明伪装，露出了真实的面目，并且毫不掩饰将其展现出来。资产阶级在欧洲以外的土地上横行，通过掠夺、奴役和杀戮等恶劣的手段来获取财富，然后将这些沾满了鲜血的财富源源不断地流回宗主国，并且在这里转化为资本。马克思以英国和印度的殖民关系为例，论述了英国殖民者对印度掌控的主要目的是为了掠夺，而不是为了将印度建设得更加先进与文明；英国通过殖民将印度随意处置与宰割，而不是将印度引向一条资本主义的道路。马克思认为英国不但"摧毁了印度社会的整个结构，而且至今还没有任何重新改建的迹象"，而且让"印度人失掉了他们的旧世界而没有获得一个新世界，这就使他们现在所遭受的灾难具有一种特殊的悲惨色彩"①。印度的社会生活无法恢复秩序和轨道，印度的人民既失去了本土古老形式的文明，也失去了代代相传的谋生手段，殖民的恶行让被殖民地陷入了深重的灾难。暴力的镇压带来了反抗，马克思认为："在大不列颠本国现在的统治阶级还没有被工业无产阶级取代以前，或者在印度人自己还没有强大到能够完全摆脱英国的枷锁以前，印度人是不会收获到不列颠资产阶级在他们中间播下的新的社会因素所结的果实的"②。面对资本主义的侵略与霸权，反殖民主义的批判抗争兴起。面对殖民主义的统治，被殖民者只有通过社会革命来摧毁殖民主义享有的特权，这样才能获得重建与新生。

后殖民主义与马克思主义有着共同的批判对象——西方殖民，尤其是文化殖民或者说文化帝国主义。萨义德在著作《东方学》的开篇引

①《马克思恩格斯选集》（第1卷），人民出版社，2012年版，第850页。
②《马克思恩格斯选集》（第1卷），人民出版社，2012年版，第861页。

用了马克思在《路易·波拿巴的雾月十八日》中的一句话，即"他们不能代表自己，一定要别人来代表他们"①，萨义德东方学的主旨意义与马克思的观点不谋而合。马克思认为由于法国农民阶级缺乏文化知识，所以他们对于自己的命运并没有主宰的权力，只能通过波拿巴作为自己的代表，将命运的权力交给他人，马克思揭示了文化与权力之间的隐藏关系。在萨义德的论述中，法国农民代表着东方，波拿巴代表着西方，萨义德想说明东方话语权力的缺失与西方对东方的侵略与霸权。马克思的反殖民主义思想为后殖民主义提供了强有力的理论依据，一方面马克思批判了资本主义的恶劣与贪婪，另一方面马克思揭示了资本主义内部存在的矛盾，提出了资本主义经济危机理论，预测了全球资本主义衰败的命运。东南亚地区爆发的金融危机印证了马克思的理论，实践的验证让后殖民主义学者更加深刻地认识到马克思主义理论的科学性，也坚定了资本主义必然失败的信念。马克思主义绝对不是一种停滞的陈旧理论，也绝对不是一种封闭的历史理论。通过审视当代世界的发展趋势，能够看到马克思关于世界发展模式的理论仍然非常具有现实价值，为后殖民主义理论提供了科学的理论背景，对当代文化建构理论具有重要的意义。

3　拓展了马克思主义的无产阶级概念

在马克思主义理论体系中，无产阶级是最具革命性的阶级。马克思站在辩证的角度从多个维度系统地研究了无产阶级概念的范畴，并且采用历史唯物主义的方法进行分析，避免了对无产阶级概念理解的

---

① 《马克思恩格斯选集》（第1卷），人民出版社，2012年版，第763页。

简单化与教条化。首先，在历史唯物主义指导下，马克思认为无产阶级是一个历史性范畴。从历史阶段来看，在资产阶级产生之前，无产阶级是不存在的；随着资产阶级的不断扩大，无产阶级也兴起并不断发展；随着时间的推移，当无产阶级获得斗争的胜利后，无产阶级的对立面会逐步被消灭，最后无产阶级的概念将消失。①其次，马克思认为无产阶级是一个规定性范畴。随着大工业生产逐渐普及并开始规模性启用，工人阶级不再占有生产资料，同时工人阶级所具备的劳动技能也逐渐被机械性劳作取代。在这样的情况下，大部分甚至所有工人的生产条件和生活环境走向趋同，可以说无产阶级指的是工业无产阶级。工业生产机器的输出与启用让国家间原有的地域性特征不复存在；原来的工人是独立的个体，由于地域的打破，工人们关系逐渐紧密，成为一个真正具有革命性、组织性的组织，即无产阶级。再次，马克思认为无产阶级是一个共同体范畴。无产阶级中的个体失去了生产资料，他们具有相同的物质基础，这是无产阶级共同体中最关键的因素。作为共同体的无产阶级不但拥有坚毅的革命信念，还有清晰的主体认知和长期的斗争目的。在无产阶级的组织中，个体自由联合在一起，没有阶级压迫与对抗，马克思认为无产阶级是"真正共同体"。最后，马克思认为无产阶级是一个道德范畴。在资本主义的阵营中，私有制的合理性和永恒性得到了认同与倡导。马克思认为道德是无法脱离社会而永恒存在的，道德一定会被不同的阶级利益制约。但是无产阶级的道德是另一番崭新的图景，它让人们实现了团结互助、平等自由的同志式的关系，让个人、集体和社会的利益趋同一致。所以无产阶级道德将在未来取代资产阶级道德，进入共产主义社会后，无产阶

---

① 卢鹏：《准确理解马克思的"无产阶级概念"》，《中国社会科学报》，2016年第12期。

级的道德将成为全人类的道德，道德不再具有阶级性。

后殖民主义认为文化认同造成了主体概念的复杂性，后殖民主义在马克思无产阶级概念的基础上进行拓展，向无产阶级概念中注入了文化内涵。后殖民理论学者对马克思的无产阶级的概念进行研究与理解，他们认为马克思所认为的无产阶级的主题不是个人而是一个群体，马克思的主体概念与笛卡尔、康德的观点有所不同。印度属下研究小组认为无产阶级概念建构了一个具有群体意识的主体概念，这个主体概念具有地方性与混杂性。葛兰西对于属下概念的论述拓展了马克思在《路易·波拿巴的雾月十八日》里关于阶级立场和阶级意识的论证。葛兰西将属下主体概念的内涵扩展，增加了其文化形式和因素。印度属下研究小组十分认同葛兰西的观点，认为他给属下概念赋予了情境化的特征。葛兰西的属下概念由于具有了文化因素，所以被后殖民主义学者广泛使用，用以替代马克思的"无产阶级"概念，表现主体形式的多元混杂性。斯皮瓦克运用马克思主义的政治经济分析方法对属下概念进行更新，她认为第三世界国家虽然脱离了殖民，在政治上获得了独立，但是身上却仍然延续着十分残酷的"前现代文本"。吉尔伯特认同斯皮瓦克的观点，他认为斯皮瓦克深刻认知了马克思主义政治经济学的主旨，理解并超越了詹明信和威廉斯等学者对马克思主义理论的研究。斯皮瓦克正确理解和分析了马克思的劳动价值论和国际分工理论，深刻理解了当代西方殖民话语的霸权。

4　拓展了马克思主义的阶级斗争模式

马克思认为阶级斗争是对抗阶级之间的对立和斗争，是由双方在物质利益上的对立和冲突而引起的，阶级斗争的核心是物质利益。阶级斗争的形式包括经济斗争、政治斗争和思想斗争等。①阶级斗争发生在各种社会形态中，在两大基本阶级之间展开。比如在奴隶社会中，奴隶阶级和奴隶主阶级二者发生斗争；在封建社会中，农民阶级和地主阶级发生斗争；在资本主义社会，无产阶级和资产阶级发生斗争。除此之外，在新的剥削阶级和旧的剥削阶级二者之间也会发生斗争。比如在奴隶社会末期，新兴地主阶级反对奴隶主阶级；在封建社会末期，新兴资产阶级反对地主阶级；等等。

后殖民主义用新的解放斗争模式扩大了马克思主义的阶级斗争模式，比如女性运动、农民斗争和少数民族的权力斗争等。20世纪，民族文化认同的影响力与日俱增，影响了整个世界的民族解放运动和社会主义运动。资本主义为自己的扩张行为冠以"自由""民主"等标签，披着文明的外衣但不断丧失文明的底线，资本主义试图去改变甚至抹杀其他的文化，不断推行自己的文化，向全世界灌输资本主义的意识形态，这是一种随着时代的特征而更新出来的侵略形式。虽然马克思主义对于殖民问题进行了深刻的论述，但是由于时代背景的限制，内容无法涵盖全球化背景下的文化帝国主义。后殖民主义学者钻研于帝国主义与文化之间的复杂关系，分析殖民话语的内涵与影响，揭露文化帝国主义与文化殖民的隐藏运行机制。比如萨义德认为文化帝国主义的过程伴随着精心维持的意义指涉，帝国主义统治、操控、强化与适应性的态度接续产生，并且这种态度在17世纪到19世纪末以惊人的力量进行发展。萨义德将资产阶级社会文化作品与帝国主义相联系，指认二者如果缺少一方，文化帝国主义都是无法实施的，也是不可想象的。②霍米·巴巴论述了殖

---

①赵光武，李澄，赵家祥：《历史唯物主义原理》，北京大学出版社，1982年版，第162—164页。

②Edward W.Said.Culture and Imperialism,London and New York:Vintage,1994,p.52.

民话语的重要作用，他认为殖民话语将殖民者生产出来，让他们口中的殖民者成为一种社会现实，这时被殖民者成为殖民者手中完全可以把握和控制的对象。斯皮瓦克在《后殖民理性批判：正在消失的当下的历史》中提到："全球发展的一般意识形态就是种族主义家长式统治，它的一般经济学就是资本密集型投资；它的主要政治学就是压制抵抗和属民的声音，一直收编他们反抗的修辞。"①后殖民主义带有强烈的政治色彩，态度坚定地阐释了文化帝国主义的外在表现形式和内在运行机制，揭示了文化帝国主义的核心与本质，论述了第三世界国家知识分子的作用，指明了文化相互融合共存的文化观。

在论述了后殖民主义对马克思主义的继承与拓展后，我们能够看到二者还拥有着共同的目的与理想，即反抗与消解西方帝国主义。后殖民主义更倾向于文化层面上的探讨，在对文化帝国主义的抵抗问题上态度非常明确，这与马克思主义对待文化帝国主义的态度不谋而合。比如萨义德提出的"多元文化观"和霍米·巴巴提出的"文化定位理论"等代表了第三世界国家的文化觉醒和对于西方帝国主义的文化反抗。后殖民主义的研究方向与马克思的研究方向相同，马克思主义是后殖民主义的起始点和理论基石。后殖民主义在马克思主义的基础上更加立体充分地展现了帝国主义与殖民主义的输出渠道与运行规律，拓展了马克思主义对于殖民主义的质疑与批判。后殖民主义对于反文化殖民也提出了许多观点与理论，比如多元文化混杂的文化观、第三世界知识分子、女性运动等，这些观点与理论具有创新性与启发性，延续了马克思主义对于反殖民坚定支持的鲜明态度。后殖民主义学者反对的殖民霸权，不仅指经济与军事的侵蚀，主要是对文化帝国主义

---

①斯皮瓦克：《后殖民理性批判：正在消失的当下的历史》，严蓓雯译，译林出版社，2015年版，第386页。

的抵抗。后殖民主义对殖民话语与文化霸权的批判同时论证了在科学社会主义运动史上，第三世界国家对帝国主义的反抗蕴含着某种必然性。当代后殖民主义研究者罗伯特·扬曾评价说："如果说后殖民理论是解释殖民化的一个文化产品的话，那它也是马克思主义在反殖民领域的一个历史的产物。"①后殖民主义学者对于马克思主义的态度是矛盾的，一方面他们非常认同马克思主义理论，经常在其文章或著作中引用马克思主义理论的观点，部分后殖民主义学者承认其马克思主义理论研究学者的身份。另一方面他们对马克思主义理论的认知存在着局限，他们对马克思主义理论提出了质疑和批判。

第二节　文化建构理论对马克思主义理论的误读与缺失

当代文化建构理论的学术发展方向在不断地深化与扩展，其中后殖民主义理论的认知与观点也在不断地更新。后殖民主义理论与马克思主义理论的关系是复杂的，在继承与拓展的同时试图对马克思主义理论进行超越，试图对当代资本主义进行完整的理论论述。但是，后殖民主义理论对马克思主义理论的认知存在着局限性，本质主义文化观的束缚和对历史唯物主义等重要理论的误读，使得后殖民主义理论的科学性受到质疑，也让后殖民主义理论的发展之路受到阻碍。②

后殖民主义学者的研究出发点是对文化本质主义的批判，他们认为

---

①Robert Young.Post-colonialism:A Historical Introduction,Blackwell Publishers,2001, p.167-168.
②于文秀：《后现代文化研究思潮》，复旦大学博士论文，2006年。

固定化的文化身份导致了文化间的对立，提倡多元混杂的文化模式，从而实现对本质主义的超越。后殖民主义对于本质主义的解构让其陷入了本质主义的桎梏中，比如萨义德将东方主义视为所有西方学者的本质特征，错误地将马克思划入了东方主义的阵营，认为马克思主义的部分理论秉持了西方中心主义的观点。比如萨义德认为马克思主义所论述的"非西方"是在欧洲中心主义话语之下的，被西方建构的、东方化的非西方。罗伯特·扬认为马克思的历史目的论是对差异和特殊的暴力压制。后殖民主义学者误解马克思认同欧洲中心主义的政治解放模式，漠视了非西方的社会主体经历，缺少对被殖民者的关注与研究。后殖民主义对主体差异性和混杂性的过度维护使其在理解唯物史观时出现误读，进而导致后殖民主义理论存在缺陷与不足。

1 误读马克思主义世界历史理论

马克思在批判黑格尔世界历史理论的基础上，确立了唯物的世界历史理论。马克思认为世界历史形成的原因是生产力发展和普遍交往，当世界历史形成之后，任何民族都无法脱离这个时代背景，并且相继走向世界历史。后殖民主义错误地理解了马克思主义世界历史理论，认为马克思主义"世界历史"思想代表着"生产力决定论"。[1]他们认为马克思主义将生产力作为整个社会发展的唯一标准，只通过生产力水平的高低即可判断一个国家的地位。如果按照这样的标准判断，欧洲的生产力水平最为先进，欧洲的地位便至高无上，欧洲处于社会历史发展的最高阶段，那么欧洲即是整个世界的中心；而东方的情况却

---

①罗钢，刘向愚主编：《后殖民主义文化理论》，中国社会科学出版社，1999年版，第9页。

大相径庭，东方国家的生产力水平与欧洲相比较为落后，那么东方就是欧洲陈旧的过往与历史，东方即处于整个世界的边缘。所以马克思主义理论中对于东方和西方发展阶段的不同论述陷入了东方主义，赞扬了西方的中心地位，贬斥了东方的落后与衰败。在此基础上，部分后殖民主义学者认为马克思主义世界历史观是普遍主义的生产方式叙事，由于西方生产力更加先进、东方生产力落后，所以东方必须模仿西方的发展方式与发展道路，才能从资本主义的发展阶段走向资本主义的现代化。后殖民主义学者认为马克思主义将整个世界的发展限定于西方的发展道路中，将历史的多元化限定为单一化，所以马克思主义的世界历史是一种历史主义。后殖民主义理论对西方中心主义的质疑与批判虽然对西方殖民与霸权有着一定的消解作用，但是其研究的视角存在着局限，尤其是忽视了对欧洲生产方式的研究，忽视了西方文化殖民与霸权背后的经济根源，导致后殖民主义理论对西方殖民主义的批判存在于表面。[1]

马克思认为世界历史指的是由于机器大工业的发展和资本主义的拓张，各民族之间原本封闭的状态被打破，世界市场开始建立，普遍性的世界交往开始形成。后殖民主义学者对马克思世界历史观产生误读的原因是只看到了马克思对于生产力的论述，忽视了马克思对于具体历史环境的研究。马克思对前资本主义社会生产方式的历史考察，在《1857—1858年经济学手稿》中依据劳动主体与劳动客体的结合和分离，把资本主义生产以前的社会生产方式划分为亚细亚所有制形式、古代的所有制形式、日耳曼的所有制形式。[2]随着历史的演变与推移，亚细亚所有制形式、古代的所有制形式、日耳曼的所有制形式发展成

①孙晶：《文化霸权理论研究》，社会科学文献出版社，2004年，第82页。
②《马克思恩格斯选集》（第2卷），人民出版社，2012年版，第725—736页。

了不同的民族与国家，形成了整个社会历史的多样性。马克思认为不同的社会与所有制形式取决于其所属的历史环境，包括部落的天然环境和社会环境。其中，部落的天然环境指的是气候、土壤条件以及土壤性质决定的土地开发方式；部落的社会环境指的是部落间关系以及关系引发的历史事件等。①马克思将这一思想用于对俄国社会发展道路的分析，在《给维·伊·查苏利奇的复信》中，马克思分析了俄国农村公社的特点，较为全面地表述了他对俄国社会发展前途问题的看法，明确指出俄国在一定条件下跨越资本主义"卡夫丁峡谷"的可能性，即越过资本主义社会发展阶段直接进入社会主义的理论构想。②《给维·伊·查苏利奇的复信》是马克思晚年关于东方发展理论的重要文献，马克思指出一个国家或民族走什么样的道路，必须对其所处的历史环境做具体分析。对于西欧资本主义生产起源问题，马克思认为西欧通过对农民的剥夺，实现了生产者与生产资料的彻底分离。英国已经完成了对农民的剥夺，而西欧其他国家正在经历这样的过程。在这样的基础上，马克思提出"这一运动的'历史必然性'明确地限制在西欧各国的范围内"③。而对于俄国来说，情况是不同的。西欧资本主义的起源过程是用一种私有制形式取代另一种私有制形式，即用"以雇佣劳动为基础的资本主义生产资料私有制"取代"以自己劳动为基础的私有制"。而俄国是要用以雇佣劳动为基础的资本主义生产资料私有制取代俄国现存的农村公社公有制。由于二者的区别所在，不能简单地将原本适用于西欧的资本主义起源的论述直接运用到俄国社会上来。马克思认为应该考虑俄国经济社会发展的特殊性与俄国独特的历

---

①《马克思恩格斯全集》（第46卷上册），人民出版社，1979年版，第484页。
②《马克思恩格斯选集》（第3卷），人民出版社，2012年版，第825页。
③《马克思恩格斯选集》（第3卷），人民出版社，2012年版，第839页。

史环境，俄国不同于西欧的背景必然会引领其走向一条不同于资本主义社会的发展道路，而这条道路就是社会主义的道路。

可见，后殖民主义没有正确地认知与理解马克思对于历史环境的论述，误认为马克思主义理论提倡社会发展的普适性道路，误认为资本主义发展道路具有普适性，误认为东方只能模仿西方的发展道路。

2　缺失马克思主义唯物辩证法观点

后殖民主义理论认为马克思对于殖民主义的态度是矛盾的。比如萨义德认为马克思在《不列颠在印度的统治》中一方面表达了对于印度的同情态度，批判了英国殖民侵略对于印度的巨大伤害；另一方面又为英国辩护，肯定了英国殖民侵略对于印度发展带来的利好。通过对此分析，萨义德认为马克思陷入了标准的东方学范畴，虽然马克思的思想具有科学性与先进性，但是马克思西方人的身份让他无法摆脱东方主义的框架，马克思对于殖民主义矛盾的态度无法让其真正地提出反抗殖民主义的思想与策略。

马克思运用唯物辩证法从两个视角分析西方的殖民主义，其一是站在宏观历史的视角，其二是站在情感道义的视角。一方面，马克思从宏观的视角审视了殖民历史与世界历史，指出了殖民者应该承担的使命与责任；另一方面，从情感道义的视角，马克思看到了被殖民者经历的苦难，同情被殖民者在侵略与控制之下的恐惧与无助，可见马克思运用唯物辩证法分析殖民主义问题的两个角度是相互联系且不可分割的。马克思在《不列颠在印度统治的未来结果》中提及"殖民主义的双重使命"，分别是破坏性的使命和建设式的使命，其中破坏性的使命即消灭旧的亚洲式社会；建设式的使命即在亚洲为西方式的社会奠定物质基础。①马克思辩证看待殖民问题，认为殖民主义不仅在破坏旧的封闭社会，也在创造新的开放社会，充当了"历史不自觉的工具"。殖民主义客观上确实对殖民地社会历史的发展起到了推动作用，传播了崭新的社会制度的种子。从宏观的世界发展进程来看，殖民主义的侵蚀为被殖民者带去了苦难，也为共产主义的实现创造了必要物质条件。在《路易·波拿巴的雾月十八日》中，马克思对法国政治生活的复杂性进行了深刻分析，论述了"波拿巴主义"产生背后的社会经济原因和阶级基础。马克思指出："一种社会形态由于它内在的经济矛盾势必会向另一种社会形态过渡，一种特定的社会形态会被一种新的社会形态所取代，先前的社会关系成为新社会的一部分，这个取代过程引起阶级斗争，新的社会就是从阶级斗争中产生出来的。"②社会历史发展不能从单一层面去分析，其中生产力基础、物质条件是非常重要的前提，马克思认为人们虽然自己创造自己的历史，但是并不能随心所欲地创造，而是在直接碰到的、既定的、从过去承继下来的条件下创造。③乡村贫困、交通不便和小块土地所有制让法国小农就像"马铃薯"一样分散，是一个"原子化"的阶级，他们彼此之间缺乏互动关系，彼此相互隔离。资本主义让他们联合起来能够表述自己，资本主义也催生了自己的终结者——无产阶级，无产阶级发展成为一股强大的力量与之对抗。从殖民的扩张到全球化的输出，原本相互独立的国家打开了国家间的贸易往来之路，整个世界普遍交往的世界历史开始启动。可以说殖民主义的输出不仅让整个世界相互联系

①《马克思恩格斯选集》（第1卷），人民出版社，2012年版，第857页。
②肯·莫里森：《马克思的辩证历史观》，《马克思恩格斯列宁斯大林研究》，2001年第1期。
③陶德麟，石云霞：《马克思主义基本原理概论》，武汉大学出版社，2013年版，第102页。

成为一个共同体，也为全世界无产者联合提供了必要的条件。

马克思站在宏观历史的角度，用联系的、全面的与发展的眼光看待殖民主义问题，思考整个世界的解放与进步。后殖民主义缺乏宏观的历史视角，对于殖民主义的本质理解是孤立的、片面的与静止的，对马克思主义唯物辩证法的认知存在偏差。马克思在批判殖民主义的暴行、同情被殖民者遭遇的同时，客观地论述了殖民主义的意义。马克思认为殖民地原有的社会结构需要瓦解，才能让历史朝着进步的方向迈进，无论这个过程中出现了多少苦难或悲痛，我们都应该为整个社会历史的前进与发展感到欣喜。

3 缺乏完整的马克思主义历史观

马克思主义历史观认为虽然人类历史的过程错综复杂，但世界历史进程无法改变，历史受内在的一般规律支配。马克思主义历史观认为"始终站在现实历史的基础上，不是从观念出发来解释实践，而是从物质实践出发来解释观念"[1]。而后殖民主义的历史观是破碎的、不完整的，导致后殖民主义理论对殖民主义与文化霸权的研究是非历史性的。后殖民主义对于大部分第三世界国家的历史记录或与历史相关的著作是持有质疑的态度的，后殖民主义学者认为这些国家的历史大部分参照了欧洲历史的主导性叙事并深受其影响，是欧洲历史记录的翻版，比如印度历史等。西方的历史学家按照欧洲的历史实践制定了一系列的理论模式和判断标准，比如"现代化""历史进步"等词汇都属于欧洲历史的主导叙事。西方历史学家在制定这些理论模式的

---

[1]《马克思恩格斯选集》（第1卷），人民出版社，2012年版，第172页。

过程中并没有对第三世界国家有全面的了解和考察，甚至是在毫无了解的情况下制定的，而第三世界国家的历史学家并没有对这些理论模式和判断标准进行质疑和批判，而是运用这些模式阐述自己民族的历史，所以在第三世界国家的历史记载中"缺乏"一词会频繁地出现，而缺乏的内容正是"现代化"和"历史进步"等西方主导叙事内容。面对这样的历史记载，后殖民主义学者表示质疑与反对，他们认为历史应该摒弃西方的主导叙事，将这部分影响剥离后，第三世界国家的人民才能书写出真正的民族历史。后殖民主义学者对西方主导叙事的偏激观点源于对马克思历史唯物主义的误读。后殖民主义认为马克思认同西方中心主义观念，将西方与东方二者的优劣地位进行了划分，并且将东方划分到了落后沉默的一方，而将西方划入了智慧进步的一方。马克思认为东方人无法表述自己，东方人必须要借助西方人才能表述自己，所以东方人是无知的或不善于表达的，而西方人对于整个世界有着明确的认知，西方人更擅长清晰地表述。二者之间这样的角色划分，代表了马克思认同东方是落后的、低劣的、需要被解救的；西方是先进的、高尚的、能够解救东方的。此外，在《路易·波拿巴的雾月十八日》中，马克思指出："他们不能代表自己，一定要别人来代表他们。"①显然后殖民主义错误地解读了马克思的这个观点，他们认为马克思陷入了东方主义的体系框架，开始关注在西方中心主义下的语言表述问题，马克思的关注印证了其与东方学家同样的研究中心。

　　后殖民主义学者对欧洲中心主义思想的批判，对欧洲中心主义将欧洲的历史当作人类一般历史的范本，将欧洲社会发展模式当作人类社会发展的普遍模式等行为的揭露是有重要的意义的，也是值得我们

---

① 《马克思恩格斯选集》（第1卷），人民出版社，2012年版，第763页。

深刻研究的。但是，后殖民主义学者不应该完全地否定人类历史的普遍性和规律性，这无疑是走向了另一个极端。对于人类历史中任何的普遍性与规律性都去否定与批判，对于一切历史话语中的主导叙事都去质疑与摒弃，只能让历史成为一片片碎裂的拼图，并永远无法拼凑成一幅完整的图画。这样破碎的历史观会让人失去对历史的掌握与分析，无法从全球关系的基础上去研究与总结，无法由面到点地处理区域与微观的问题。当后殖民主义学家认同了历史的普遍性与规律性后，应该承认人类认识的普遍性与规律性的可能。马克思主义理论无疑是科学的理论，但是它并不是为某一个民族量身定制的。如果想领悟马克思主义理论并成功地实践，需要我们将马克思主义理论与本国或本民族的具体情况相结合，在此基础上去实践，并且在实践中丰富和发展马克思主义理论。阿里夫·德里克曾在《后革命氛围》中将中国学者对马克思主义的阐释与后殖民主义学者对马克思主义的解构进行对比，他指出中国学者在20世纪30年代就试图将马克思主义与中国实际相结合，将马克思主义理论翻译成中国的语言，不仅是标准的汉语，还要翻译成地方化的语言，使马克思主义真正地中国化；而后殖民主义学者面对同样的问题时，并没有将马克思主义理论翻译成本土的语言，而是用后结构主义的语言来重新阐述马克思主义，导致马克思主义被解构。后殖民主义学者虽然出身于第三世界国家，但他们大多数是第一世界学术理论领域的精英，确切地说是他们身上背负了第三世界出身与第一世界知识分子的双重身份。西方世界的标准和经验已经潜移默化地进入他们的思想，而本土的地域与经验已经越来越遥远。身份的双重性让后殖民主义学者矛盾却清醒着，矛盾的是两个身份带来的知识与思想的巨大冲击，清醒的是他们清楚地知道殖民主义通过话语不断地侵蚀被殖民者本土的文化与意识形态，并且永远不会停止。

　　后殖民主义理论对历史唯物主义等重要理论的误读与偏见，导致其他学派并不完全认同后殖民主义理论的科学性与实践性。西方马克思主义学者比如阿赫默德、德里克、小埃·圣胡安和萨米·萨卡尔等对后殖民主义的局限性做出了质疑与批判，他们维护与论证了马克思主义的科学性，对于文化和历史问题进行了与后殖民主义理论不同的解读。德里克指出："对于分析这些作为历史现象的资本主义矛盾来说，马克思主义像过去一样重要，马克思主义理论仍然有着重大意义，因为它对于找出塑造未来的力量来说是不可或缺的，这是马克思主义理论的首要目标。"[1]西方马克思主义学者不仅论证了马克思主义的科学性，还从方法与理论上对后殖民主义进行了批判。罗纳波尔·萨玛达尔在著作《马克思和后殖民时代》中采用了政治经济学的分析方法，论证了马克思对资本主义的分析是将普遍与特殊、整体与部分、抽象与具体辩证统一起来的。在维护马克思主义理论科学性的同时，西方马克思主义学者对后殖民主义理论的缺陷进行了批判。[2]一方面，后殖民主义理论学家对话语的解构揭示了文化帝国主义霸权的本质，但是也陷入了文化决定论和文化相对主义。对于文化混杂性的推崇导致了对于意识形态的忽视以及权力差异的忽视。后殖民主义学者似乎用文化概括了大部分社会实践，将大部分领域的社会问题还原成文化问题，用文化的变化与更替来解决其他领域的变化。但是这样的观点并不具有科学性，后殖民主义的话语批判也不应该离开对经

---

①阿里夫·德里克，王瑾：《后现代主义、后殖民主义和全球化：当代马克思主义所面临的挑战》，《当代世界与社会主义》，2007年第2期。
②高建民：《马克思遭遇后殖民主义——一种学术史的批判性考察》，《哲学动态》，2021年第11期。

济的分析。正确审视殖民历史后，我们能够发现造船业和采矿业等科学技术的迅猛发展是欧洲中心主义的意识形态形成的原因之一，也是殖民活动开始的原因之一。另一方面，对文化殖民与文化帝国主义的抗争策略问题，后殖民主义学者并没有提出成功实践的策略。比如萨义德将抵抗的策略与实践落实于第三世界的知识分子身上，斯皮瓦克将抵抗的主体身份定位于属下阶层，尤其是第三世界的妇女，可见后殖民主义学者对于反抗的策略和实践都存在着局限与不足，并没有对文化帝国主义施以重拳。后殖民主义学者错误地认定了解放的主体，并没有超越民族、地方、种族和性别的限制，导致其反抗策略与反抗实践的障碍。马克思认为解放主体不是个体或某个特殊群体，而是具有一定社会形式的群体。解放主体是在价值形式运动中产生的，也可以说是在资本的运动中产生的。解放主体的位置应该与资产阶级呈现对立状态，并且二者应该具有相同经济地位。列宁指出，"在目前的世界形势下，在帝国主义战争以后，各民族的相互关系、全世界国家体系，将取决于少数帝国主义国家反对苏维埃运动和以苏维埃俄国为首的各个苏维埃国家的斗争。如果忽略了这一点，我们就不能正确地提出任何民族和殖民地问题，哪怕它涉及的是世界上一个最遥远的角落"①。列宁认为被殖民者的解放问题其实是阶级问题，应该将殖民解放问题放置于整个社会主义运动中来，殖民解放运动才有可能取得胜利。后殖民主义学者也只有在马克思的阶级理论基础上来构想解放主体，才能正确地认识反抗的运动，让文化帝国主义得到消解。

综上所述，后殖民主义理论以马克思主义理论为理论渊源，在吸收马克思主义理论的基础上试图对其进行拓展。但是，后殖民主义理论

---

①戴隆斌编：《共产国际第二次代表大会文献》，中央编译出版社，2012年版，第198页。

对于唯物史观的理解存在局限性，使用的话语批判与反本质主义的方法论存在误差，所以后殖民主义无法真正地超越马克思主义，也无法全面准确地解决文化帝国主义与主体解放的问题。马克思主义理论更加科学，能够对资本主义社会进行透彻的分析与全面的把握。后殖民主义需要借助马克思主义理论工具，探究其理论自身的缺陷，解开对马克思主义理论的误读，才能突破后殖民主义理论的局限性。

第三节　当代文化建构理论局限性的解决理路

后殖民主义理论作为当代文化思潮中的重要一环，不但继承了深刻的理论基础，而且对欧洲中心主义与殖民主义进行了深刻批判与解构，对当代文化建构理论起到了巨大的影响作用。但是，将后殖民主义理论放置于马克思主义视域下研究时，后殖民主义理论自身的局限性逐渐凸显。阿里夫·德里克曾指出："现在我们所谈论的后殖民涉及的领域如此之广，而且又显得那样地内在不一致，因而连那些赋予它们理论地位的学者们，对这个术语阐述完毕随即对它敬而远之。"[1]可见后殖民主义的局限与缺点限制了其理论的广泛应用。因此，对后殖民主义理论局限性的分析和探索后殖民主义理论突破局限的解决理路是必要的。

1　回归殖民历史研究

后殖民主义由于对马克思唯物史观存在误读，很大程度上摒弃了对

---

[1]阿里夫·德里克：《跨国资本主义时代的后殖民批评》，王宁等译，北京大学出版社，2004年版，第19页。

于现实历史的研究。后殖民主义学者认为现存的历史记录是由西方主导叙事的，体现了欧洲中心主义的渗透。在后殖民主义理论的研究对象中，文本研究占据大部分内容，对于还原历史真相的研究较少。后殖民主义理论的代表人物通过对文本的解读与分析来揭露其中的文化帝国主义，对于东西方社会的真实情况探究较少。偏文本的研究方法让后殖民主义理论出现缺陷，整个理论的基点没有对历史的掌握与分析，没有在全球关系的基础上去研究与总结。马克思认为对人类一切社会历史现象的研究都不应该只从理论出发，应该以一定的社会实践活动为基点。在《关于费尔巴哈的提纲》中，马克思唯物史观的重要性被充分论述，马克思指出："人应该在实践中证明自己思维的真理性，即自己思维的现实性和力量，自己思维的此岸性。关于思维——离开实践的思维——的现实性或非现实性的争论，是一个纯粹经院哲学的问题。"①对于后殖民主义理论来说，学术研究应该回归社会实践，立足于现实的殖民历史，立足于宏观的殖民社会。

后殖民主义理论对于殖民历史的研究方向分别是西方社会的殖民历史和东方社会的反殖民历史。对于西方社会的殖民历史来说，不能将殖民与整个西方画上等号，虽然西方国家是殖民与文化霸权的主要推行者，但是在西方国家内部也存在着反殖民和反霸权的因素。所以不能偏激地将西方殖民问题一概而论，而是需要用全面的、具体的眼光来审视西方殖民历史，辩证地看待殖民问题。一方面，殖民侵略与文化霸权是毋庸置疑的真实历史。纵观西方的殖民历史，欧洲先进国家使用了教会传教、暴力侵略、文化渗透与文化输出等多种手段，目的是逐步掌控整个世界。这是现实的社会历史现象，其中文化帝国主

① 《马克思恩格斯选集》（第1卷），人民出版社，2012年版，第134页。

义是西方殖民在当代采取的新的、有效的形式。另一方面，后殖民主义理论应该看到西方社会存在的非殖民因素与反殖民因素。马克思唯物辩证法认为一切存在的事物都由既相互对立又相互统一的一对矛盾组合而成。矛盾着的双方既对立又统一，从而推动事物的发展。西方殖民问题也是如此，虽然西方殖民与文化霸权的历史鲜明且漫长，但是西方反对殖民的因素始终存在，并且不能忽视。比如英国历史学家阿诺德·汤因比在著作《历史研究》中批判欧洲中心主义，认为世界历史不只有欧洲文明是先进的、发展的。汤因比坚决反对历史学界盛行的根据国别研究历史的做法，历史研究的基本单位应该是比国家更大的文明。文明兴衰的基本原因是挑战和应战。一个文明，如果能够成功地应对挑战，那么它就会诞生和成长起来；反之，如果不能成功地应对挑战，那么它就会走向衰落和解体。①再比如德国哲学家斯宾格勒在著作《西方的没落》《普鲁士的精神与社会主义》中指出西方文化已度过创造阶段，未来只能是无可挽回的没落。虽然部分著作的最初写作目的并不是反对殖民主义，但是这些观点通过客观地展示殖民历史侧面批判了殖民主义与文化霸权，彰显了西方学者对于殖民主义的清晰认知。随着后殖民主义理论的兴起，以萨义德、斯皮瓦克与霍米·巴巴为代表的第三世界知识分子更是旗帜鲜明地对殖民与文化帝国主义进行批判，揭示了在经济与政治因素背后隐藏的文化殖民扩张。

对于东方的反殖民历史来说，它并不仅限于东方学的著作，不只是西方国家笔下的存在，而是真实的、鲜活的历史。最初的东方与西方的划分是从地理区域开始的，随着社会历史的发展，东方从一个单纯的地理区域逐渐被赋予了政治、经济和文化的内涵。东方学家通过话

①阿诺德·汤因比：《历史研究》，石础编，浙江人民出版社，1989年版，第32—33页。

语输出将东方划分进入一个固定的框架中，这个框架中存在着偏见与误解，并且影响了整个欧洲甚至整个世界对于东方的认知。但是，东方是客观现实存在的，东方国家有着自己的居民，有着本土的传统与文化。西方的殖民主义并没有看到或者认知东方的现实，而是盲目地将东方定义为落后的、需要征服的、需要解救的对象。当西方国家试图殖民侵略时，东方国家的反殖民之旅同时开始启程。可以说西方对东方的殖民历史，就是东方的反殖民历史。东方国家始终对殖民侵略进行反抗，钦差大臣林则徐于1839年6月在虎门海滩当众销毁英、美商人所缴烟土，英国政府为了维护资产阶级的利益发动侵略战争。1840年第一次鸦片战争爆发，在战争期间英军所到之处都遭到中国人民自发的、顽强的抵抗。1841年5月，广州附近数万群众在三元里围攻英军，歼敌二百余人，迫使英军撤出虎门，不敢再在广州近郊横行。三元里的抗英斗争是中国人民自发的武装反抗资本主义侵略的第一声，突出地显示了人民的威力。自此之后中国与西方列强开启了长达百余年的斗争，最终实现了中华民族的独立。19世纪印度开启了反抗英国殖民统治的斗争，1857年章西女王和穆罕默德·巴哈领导印度高举民族起义的旗帜，印度雇佣兵与手工业者和农民联合起来，反抗英国殖民主义的统治。除此之外，拉丁美洲、非洲等地区的民族都不断地对殖民主义开始对抗斗争。东方国家在一场场反殖民的抗争中获得了国家与民族的独立和解放，也让社会得到了进一步的发展。资本主义的输出虽然伴随着血腥与暴力，但是也为其他国家带来了先进的生产技术和生产方式，促使东方国家学习科学技术知识与军事战略，探求一条适合本土发展的道路。

综上所述，后殖民主义理论研究应当回归殖民历史，不但要全面审视西方殖民历史，还要系统研究东方反殖民历史。作为反对殖民主义的强大力量，后殖民主义理论应该科学运用马克思主义理论，系统研究与考察整个西方社会的殖民历史，辩证地看待殖民与文化帝国主义的问题。在认知西方殖民主义全貌的基础上论述观点，从而真正地提出批判殖民主义、反对文化帝国主义霸权的方法与策略。

2　探寻殖民经济根源

后殖民主义理论错误地将马克思主义理论理解为"唯生产力论"，在对殖民主义研究的过程中忽视了生产力的巨大作用，忽视了在殖民主义与文化帝国主义背后的经济根源，而是将目光局限于文化领域的剖析，试图用文化内涵揭示殖民主义内核。马克思对于殖民与霸权的论述更为深刻，不但注意到了意识形态对于殖民主义的作用，而且更为关注经济这个重要因素。

经济基础决定上层建筑，一个社会中的政治、文化和意识形态都是以经济作为基础的。一个社会中所有的重要历史事件的根本原因和推动力量来自社会的经济发展、生产方式和交换方式的变化。[①]社会的主流意识形态是统治阶级为其自身利益而维持的，统治阶级为工人阶级制造了关于真实的经济压迫状态的"虚假意识"，工人必须与这个"虚假意识"作斗争。马克思主义理论一直在全世界的反殖民抵抗中起到重要作用。后殖民主义理论在研究与殖民主义的对抗时，不能只将眼光落在文化领域，不能只针对文化帝国主义进行批判。文化帝国主义不仅仅是一种文化现象，无论文化的范畴如何广阔，归根到底是为其经济基础而服务的，而文化霸权的经济根源是资本主义生产方

---

① 《马克思恩格斯选集》（第3卷），人民出版社，2012年版，第654—655页。

式。对于殖民主义与文化霸权的研究需要立足于对资本主义生产方式的分析，才能看清其产生根源与背后原理。资本主义初期，西方国家为了扩大商品的生产与销售，增加贸易往来，借助自由贸易的途径打开了国家间的大门，从而获得高额的利润；随着西方资本主义的扩张，欧洲先进国家用武装与暴力开启了殖民侵略之路，通过掠夺来获取劳动力与生产原料，通过军事力量占领殖民地、掌控当地人民；随着殖民主义的发展与被殖民地的反抗，西方资本主义发现在经济、政治与军事力量背后，存在着另一种力量，它以意识形态的方式贯穿于殖民主义，文化武器通过隐藏的方式巩固了资本主义侵略的成果，让被殖民地人民更加容易被掌控。当今时代，资本主义已经进入国际垄断资本主义阶段，文化霸权采用一种更加温和的输入方式，蔓延至整个世界。西方国家根深蒂固的中心主义和种族优越感促使文化帝国主义迅速发展，但是究其根本，文化帝国主义的根本原因是资本主义经济发展的需要。文化帝国主义为了资本主义经济发展而产生，而其传播与输出的实现需要经济力量的帮助。一方面，西方资本主义的经济发展为其殖民主义的侵略和文化霸权的输出提供了坚实的后盾。西方先进的科学技术与生产方式带来了经济的飞速发展，而东方国家的经济领域处于不断发展的阶段，与西方相比处于劣势。西方国家与东方国家之间的经济差距造成了二者之间不平等的地位，西方资本主义凭借自身的经济优势不断向其他国家输出自身的文化，用西方中心主义的意识形态不断腐蚀其他国家，企图用文化的霸权控制整个世界。另一方面，随着全球贸易往来的增加，经济全球化的拓张为西方资本主义文化霸权的输出提供了条件。随着全球经济贸易的往来增加，原本隔离的状态被打破，各个国家与民族开始了普遍交往，文化霸权借助往来的契机进行全球传播。经济的飞速发展与科学技术的进步，带来了通信传播技术的提升，有助于文化往来交流，扩大了文化的影响范围，西方资本主义借助通信传播技术将其文化霸权向全球进行传播。在经济力量的帮助下，文化帝国主义蔓延的速度加快，其形式也更加广泛。西方资本主义对其他国家进行文化产品输出，文化产品兼具经济与文化的双重属性，不但帮助资本主义获得高额利润，同时将西方文化潜移默化地输出。从麦当劳和可口可乐的流行到美国英雄主义电影的大肆传播，文化帝国主义扮演着各种角色贯穿于人们的生活，将西方的生活习惯、语言风格和思想观念轻而易举地传播。文化帝国主义的形式不断变化，用不同的外衣迷惑着人们，但是不变的内核是西方资本主义霸权的输出。

西方殖民主义和文化帝国主义的方式具有复杂性和多样性，后殖民主义理论作为反抗殖民主义和文化霸权的主要力量，应该识别其背后的经济根源与经济力量，采用灵活的分析探究方式，揭露隐藏于美好表现背后的西方霸权，打碎西方资本主义试图向整个世界传播的消费主义、享乐主义的错误思想观念，提出反抗殖民主义与文化霸权的有效对策。

3　把握殖民文化建构

后殖民主义理论对殖民主义和文化霸权的部分观点是片面的，没有用全面的、联系的眼光审视殖民主义和文化霸权的本质要义。比如殖民主义给被殖民者带来的苦难和殖民主义给整个世界历史进程带来的进步，后殖民主义对于后者采取否定与质疑的态度，不愿承认殖民主义从某种程度来说打破了原有社会固执的传统，带来了先进的科学技术手段。除此之外，后殖民主义试图在消除文化帝国主义后建设一种多元混杂的文化观，这种文化观让后殖民主义再次陷入片面与孤立的认知。多元混杂文化意味着每个民族自身的文化观是独特的，不能用普遍标准来评价任何一种文化，各种文化最终将实现兼顾，可见后殖民主义理论对于文化现象的理解是片面的，对于文化关系的理解是表面的。马克思主义唯物辩证法注重"整体性"，要求我们在看待问题时应运用联系的观点，不能孤立与片面地分析一个问题，需要将这个问题放入整体之中加以审视。①当文化帝国主义的迷雾被逐渐驱散，对于未来的文化建构发展之路问题，马克思主义唯物辩证法要求我们应该用联系的眼光看待各种民族文化，关注并尊重文化间的差异，将文化回归于其所属时代背景中探究，关注社会历史的发展与文化评价标准的改变，从而建构其符合本民族社会历史与现状的文化身份。

社会历史具有一定的规律性，始终围绕着生产力的发展而转动。文化无法脱离社会历史进行研究，文化建构应该以社会历史为基础，文化评价的客观标准是判断这种文化是否与生产力进步保持一致，是否符合生产关系变革的要求，是否符合人类文明进步的方向。用全面与联系的眼光分析文化建构的方向，坚持客观的共同的文化评价标准，能够科学地认知文化间的差异，促进本民族文化的进步。后殖民主义理论可以秉承着文化评价的客观标准看待东方与西方文化，认知西方文化中的精华与糟粕，辩证地看待西方文化的输出，在警惕西方文化帝国主义蔓延的同时吸收其符合人类文明进步方向的科学技术和文化理论。后殖民主义理论所提倡的建构多元混杂文化的基础应该是同社会发展保持一致的文化，而不是文化相对主义。虽然人类历史发展具有普遍的、必然的规律性，但是当这一普遍规律性放入不同的国家与民族背景下便具有了

---

①上海市《马克思主义哲学基本原理》编写组：《马克思主义哲学基本原理》，上海人民出版社，2008年版，第64页。

不同的表现形式，对于文化建构客观标准的分析不能排斥文化间的差异性。不同国家与民族的文化具有其本土的特性，各具特色的文化构成了世界百花齐放的辉煌图景，文化的发展带动了世界财富的增长与世界历史的进步。后殖民主义理论围绕着文化发展研究的重点是文化身份建构的问题，文化身份建构意味着通过重新书写本国或本民族的文化身份来确认自己的真正的文化品格与文化精神。文化身份的建构能够带来文化身份的认同，身份与认同二者紧密相连代表着自身文化的独立与现实，进而成为一个国家或民族的集体精神凝聚力，成为抵抗文化霸权的有力后盾。在全球化语境中，文化身份建构是第三世界国家必须要面对的问题，也是第三世界国家争取自身合法性进而在当今世界争取有利地位的途径。后殖民主义理论在解构欧洲中心主义与批判文化帝国主义霸权的基础上，应该为第三世界国家谋求自身的文化身份建构，用科学的态度面对各种文化间关系，以开放包容的心胸接纳不同文化的形式与内容，尊重文化多样性的存在，平等对待各个民族与国家的文化，在尊重文化的基础上建构符合其文化背景的文化身份。但是在建构文化身份的过程中，不能松懈对于文化中糟粕部分的警醒之心，在识别文化霸权输出的基础上打破其蔓延的进程。

后殖民主义理论应该辩证地看待多元混杂文化共存的问题，为了防止糟粕文化的进入而完全阻碍文化交流互鉴是不可取的，只会导致文化的故步自封；但是为了各种文化相互兼顾共存而舍弃对于落后文化的警惕也是片面的，会导致文化霸权的再一次侵蚀。坚持文化评价的共性客观标准，辩证地看待每一种文化，鉴定不同性质文化的内涵，识别出隐蔽的文化帝国主义形式，坚持文化差异性的发展，打开文化交流的大门，才能在弘扬本土文化优势的基础上建构出符合自身道路的文化身份。

小　结

综上所述，当代文化建构理论中的后殖民主义理论与马克思主义理论之间存在着复杂关系，需要辩证地看待二者之间的联系与区别。马克思主义理论为后殖民主义提供了科学的理论背景和研究视角，马克思的资本全球化理论和反殖民主义理论对于后殖民主义理论的产生与发展有着重要的作用。后殖民主义理论在马克思主义的基础上更加立体地分析了殖民主义的侵蚀和文化帝国主义的霸权。但是，后殖民主义由于对马克思唯物史观的认知局限、缺乏马克思主义科学的方法论，导致其理论存在着内部缺陷。后殖民主义理论反对二元对立的模式，提倡多元性与混杂性，试图用多元混杂文化观超越对立与割裂。但是当今世界的现实状况并不能实现后殖民主义理论的最终旨归，后殖民主义所提倡的对抗殖民主义与文化霸权的策略是不现实并且不彻底的，甚至有可能被西方资本主义利用转变成新的殖民方法。所以需要在马克思主义理论的视域下来探讨后殖民主义的理论价值与局限性，后殖民主义理论需要借助马克思主义理论工具，探究其理论自身的缺陷，解开对马克思主义理论的误读，才能突破后殖民主义理论的局限性，提升后殖民主义理论以及当代文化建构理论的全面性与科学性。

结论与展望

　　21世纪以来，经济全球化的浪潮席卷世界的各个角落。在经济全球化的背景下，国际社会出现了文化全球化的显著趋向。[1]文化成为西方国家输出资本主义价值观的途径，威胁着其他国家文化存在和发展的独立性。在这样的背景下，当代文化思潮成为学术研究的重点。当代文化思潮是一个发展的过程，后殖民主义思潮在其中扮演了重要的角色，成为政治、哲学、文学等领域的研究热点。后殖民主义理论作为当代文化建构理论的重要一部分，它着眼于宗主国与原殖民地之间的权力话语，重点关注宗主国对原殖民地文化层面的影响，试图揭示、分析和批判西方资本主义进行文化霸权与侵略的实质并清除殖民主义的残留。

　　后殖民主义理论在中国经历了四十余年的发展历程。20世纪80年代，随着我国经济的发展，学术之路也更加广阔。许多西方的新理论与新学说进入中国，为中国学界所接纳，现代性话语成为中国学界的主要话语之一。20世纪80年代后期，西方的大众文化浪潮席卷中国的文化视野和文化市场，西方的文化与商业利益、权力关系共同运作，企图垄断中国的文化领域。中国学界的许多有效概念和话语都是从西

---

[1]陶广峰等：《经济全球化与中国经济法》，中国检查出版社，2006年版，第20页。

方传播而来，西方试图对中国的古典文化进行阐释和论述。在这样的趋势下，中国知识分子开始觉醒，意识到西方文化对于中国文化的霸权与侵蚀。中国学界不臣服于西方文化霸权的威力，尽管西方对于我国建构现代性话语有所助益，但是中国急需对这种带有西方视角的话语进行解构。进入20世纪90年代，"第三世界"这一主题从政治学和外交学中流入中国的文化研究领域，文化背后的话语与权力问题也不断显现，中国学者试图指明第一世界与第三世界关系中的焦虑与矛盾，揭示东西方文化背后的不平等与霸权。学者们发现具有全球意义的学术话语体系逐渐形成，但是全球性的学术话语存在着压迫本土理论传统和本土经验传统的问题。在这样的背景下，后殖民主义进入了中国学界的视野，影响力不断蔓延，第三世界视域的文化理论研究成为中国文化理论研究的一个新的起点。1993年，我国《读书》月刊第九期刊登了三篇文章，分别是张宽的《欧美眼中的"非我族类"》、钱俊的《谈萨伊德文化》和潘少梅的《一种新的批评倾向》，文章的主要内容是对于萨义德的介绍以及对其两部著名作品《东方学》和《文化与帝国主义》的评析。①这两篇文章的发表带给中国学界一种新的视野与话语，不仅将萨义德和东方主义的面纱揭开，还将后殖民主义展示在中国学界的面前。随着后殖民主义这个词语在中国学界的蔓延，众多学者开始将目光投向后殖民主义，比如张颐武《第三世界文化与中国文学》、王宏图《西方文化霸权与东方的边缘性》、陈晓明《"后东方"视点：穿过表现与错觉》等作品试图将后殖民主义作为一种视角与方法引入当前中国文化思想的研究领域中。20世纪90年代中期，学者王宁、罗钢、丛郁等开始对西方后殖民主义进行专门的研究与介绍，

---

①赵稀方：《后殖民主义在两岸三地的理论旅行》，《江苏社会科学》，2004年第4期。

他们的作品比如《东方主义、后殖民主义和文化霸权主义批判》《关于殖民话语和后殖民理论的若干问题》《后殖民主义·东方主义·文学批评——关于若干后殖民批评语汇的思考》等得到了学术界的广泛关注，王逢振《后现代时期的第三世界作家》、韩毓海《"中国"：一个被阐释的"西方"》等开始对中国当前的后殖民主义问题进行研究。当后殖民主义这一新的理论得到中国学者的审视和关注时，我们能看到中国学者对其的应用更多是从批评视角的层面上进行的。中国学者试图将自我批评的视域放置于东西方关系的网络中，或者放置于第一世界与第三世界的关系网络中，运用后殖民理论的话语去进行批评实践，将后殖民理论运用于中国的文化现状。①

　　在后殖民主义理论的研究中，大部分学者在划分被殖民国家版图时并没有将中国纳入其中。纵观整个世界的历史发展过程，中国并不属于典型的前殖民地国家，中国的知识分子也并不像许多第三世界的知识分子那样处在一个第一世界环境压迫、第三世界血统觉醒二者双重覆盖的特殊身份。由于后殖民主义这一概念一直存在争议，没有一个广为接受的定义，我们只能从学者们的论述中总结出一个后殖民主义的范围。首先，后殖民主义理论批判了西方对于东方的建构、对于东方的意识形态话语霸权和文化帝国主义，以萨义德为代表人物。其次，后殖民主义不仅批判了西方文化殖民，也批判了被殖民国家的"本土"文化话语。虽然殖民已经结束，但是本土文化已经被潜移默化地侵蚀，殖民后存在的本土文化浸染了殖民者的意味，殖民地文化成为西方殖民者的制造物。印度学者霍米·巴巴、努济等提出了这样的观点。最后，西方内部主流话语与非主流话语之间的矛盾与批判。比如当代美

---

①张京媛：《后殖民理论与文化批评》，北京大学出版社，1999年版，第9—11页。

国的后殖民主义中还存在白皮肤与其他肤色、女性与男性等话语关系，这些关系和第一世界与第三世界、殖民者与被殖民者的话语关系是否存在处境的交叉关联，是否存在双重殖民化或者多重殖民化等问题。斯皮瓦克提出过这样的观点。以上研究内容都属于后殖民主义的领域，虽然中国后殖民主义的具体问题也同样包含其中，但是却无法明确列入哪个层次。后殖民主义的批判虽然包含了多个层次，但后殖民主义话语所反抗的核心是一个已经存在的且不容置疑的本质，这个本质的设定可以称之为本质主义。在本质主义的覆盖下，殖民主义、西方中心主义等得以存活并发展。对后殖民主义来说，不仅要对西方的权力话语进行剖析与反思，还需要对其解构并重构。从这个角度来说，福柯的权力话语理论与德里达的解构理论对于后殖民主义的理论研究贡献了巨大的价值，成为后殖民主义理论话语的重要基础。中国学界对于权力话语理论和解构理论的理解与研究存在一个过程，这个过程对于中国学界对后殖民主义的认识产生了非常大的影响。回顾中国的近代历史，1840年鸦片战争的爆发开启了我国百年的反帝反封建斗争，殖民主义带给中华民族的伤害深深地烙印在人民的脑海中。中国学界在定义后殖民主义时选择先对"殖民主义"进行解析，这是一个符合我国国情的视角。在《中国词典》中，殖民的含义被定义为强国向它所征服的地区移民。在资本主义时期，指资本主义国家把经济政治势力扩张到不发达的国家或地区，掠夺和奴役当地的人民。殖民主义主要表现为海外移民、海盗式抢劫、奴隶贩卖、资本输出、商品倾销、原料掠夺等。殖民主义的主语是西方列强，主要以英国和法国等国家为代表；时间范围是西方列强的资本原始积累时期；对象是当时相对弱小和落后的民族；进行的行为是一系列的侵略和霸权；行为的主要特点是依靠军事与武力征服。后殖民主义的主体是西方资本主义国家；时间范围则是战后或者说是殖民结束之后；对象是被殖民国家或民族以及当时相对落后的国家或民族；进行的行为是一系列的侵略和霸权；行为的主要特点是通过文化渗透和文化帝国主义来进行侵略。通过以上概念的对比，殖民主义是与武力战争相联系的，而后殖民主义与文化息息相关，武力与文化这两种方式的区别也成为殖民主义与后殖民主义二者区分的主要标志。但是不能忽视的是，后殖民主义虽然没有血腥与暴力，呈现出一幅风平浪静的画面，但实际上却是暗潮涌动，文化帝国主义的实质依然是侵略与霸权，后殖民主义没有抛弃殖民主义的本质，不仅延续了其本性，还试图将这本性深深地隐藏，以此达到自己的目的。在明晰了后殖民主义的真正含义后，回顾我国的近代历史能够发现中国不曾有过完全被殖民的经历，只是存在着半殖民地国家的历史。我国在半殖民地半封建国家时期更多的是在经济与政治层面被侵略，在文化上的霸权涉及的较少。与世界上的其他前殖民国家比如印度等国家相比，我们能发现中国并没有在某一个特定时期完全被西方势力所统治，中国的文化没有遭受过毁灭性的打击，中国文化传统没有丢失过自身的作用，中国人民的意识也没有被全面颠覆，中国的官方语言没有被更替。所以，对中国来说，清除西方列强的文化侵蚀是可预见的，而对其他的一些第三世界国家来说任务是急迫且艰巨的。

中国的未来是光明璀璨的。近年来中国的经济腾飞与国家发展受世界瞩目，这与一些前殖民地国家的分裂与动荡形成鲜明对比。中国正在书写属于我们的中国故事与中国智慧，正在创造一个东方大国的复兴。经济的飞速发展不仅让中国人民信心倍增，也让世界看到了中华优秀传统文化。我国对于其他文化的态度是包容共存与交流互鉴。2023年3月15日，中共中央总书记、国家主席习近平在北京出席中国共产党与世界政党高层对话会并发表主旨讲话。习近平在主旨讲话中提出全球文明倡议。习近平强调，在各国前途命运紧密相连的今天，不同文明包容共存、交流互鉴，在推动人类社会现代化进程、繁荣世界文明百花园中具有不可替代的作用。①但是在各种文明百花齐放的舞台上，西方文化并没有停止蔓延与侵蚀的脚步。对于文化帝国主义的抵抗是我们不能忽视的重要问题。在此现状下，中国学界一直关注对于西方中心意识的解构与文化帝国主义的剖析。西方中心意识不仅仅展示于中国，还存在于世界的每一个角落，可以说这是一个国际化的问题，也是世界文化体系下的一个产物。以西方为中心化的文化像一把锋刃的利剑，隐藏于政治、经济和军事的画卷之中，不耗费一兵一卒却威力巨大，潜移默化地对第三世界国家进行改造与侵蚀，试图在这个国家内建构起西方中心意识，映射至这个国家的各个领域，操纵这个国家的发展与道路。通过后殖民主义来研究国家间的文化侵略与霸权，揭露隐藏于文化之下的国家间不平等关系，探寻反抗文化帝国主义霸权的对策等构成了中国学界对于后殖民主义这一学科研究和发展的目的，也构成了中国学界对于后殖民主义这一理论的实践应用。通过以上论述，可以将中国学界对于后殖民主义的基本认知总结为我们研究并实践后殖民主义话语，剖析西方通过文化实施帝国主义的方式，揭露西方文化帝国主义的运行机制，从而解构西方的侵略与霸权，摆脱西方的影响与控制，建构属于本国的或者本民族的文化话语与文化自信，焕发本国或本民族的文化力量。本书站在此立场下，从马克思主义理论的视角，对当代文化思潮与当代文化建构理论进行研究，将后殖民主义理论作为研究的重点进行，梳理后殖民主义演变

---

① 徐进：《促进世界文明交流　构建人类命运共同体》，http://world.people.com.cn/n1/2023/0322/c1002-32649029.html，人民网，2023年3月22日。

与发展的过程，追溯后殖民主义的理论渊源并发掘其理论构成的核心要素，对后殖民主义与后现代主义、殖民主义等概念进行辨析，分析后殖民主义理论的代表人物及观点，探究后殖民主义与马克思主义的深层理论联系，评价后殖民主义理论的重要贡献与局限性，试图分析后殖民主义的视域下当代文化建设的身份。

参考文献

中文文献：

[1]《列宁选集》（第1—4卷），人民出版社，2012年版。

[2]《马克思恩格斯全集》（第1—50卷），人民出版社，1995年版。

[3]《马克思恩格斯文集》（第1—10卷），人民出版社，2009年版。

[4]《马克思恩格斯选集》（第1—4卷），人民出版社，2012年版。

[5]《习近平谈治国理政》（第1—4卷），外文出版社，2022年版。

[6]中共中央文献研究室编：《习近平关于社会主义文化建设论述摘编》，中央文献出版社，2017年版。

[7]中共中央文献研究室编：《十九大以来重要文献选编》，中央文献出版社，2021年版。

[8]中国社会科学院语言研究所词典编辑室编：《现代汉语词典（修订本）》，商务印书馆，1998年版。

[9]常健、李国山：《欧美哲学通史：现代哲学卷》，南开大学出版社，2003年版。

[10]陈庆：《斯皮瓦克思想研究：追踪被殖民者的主体建构》，上海世界图书出版公司，2015年版。

[11]陈筠泉、刘奔：《哲学与文化》，中国社会科学出版社，1996年版。

[12]崔绪治、滕俊伟：《马克思主义基本原理》，南京大学出版

社，1989年版。

[13]戴隆斌编：《共产国际第二次代表大会文献》，中央编译出版社，2012年版。

[14]杜伟：《审美原理：感性世界的理性基础》，华中科技大学出版社，2021年版。

[15]冯天瑜主编：《中华文化辞典》，武汉大学出版社，2001年版。

[16]高宣扬：《布迪厄的社会理论》，同济大学出版社，2004年版。

[17]高宣扬：《福柯的生存美学》，中国人民大学出版社，2005年版。

[18]耿兆锐：《文明的悖论——约翰·密尔与印度》，浙江大学出版社，2014年版。

[19]洪晓楠、邱金英：《当代文化帝国主义思潮研究》，人民出版社，2018年版。

[20]胡经之主编：《西方文艺理论名著教程（下册）》，北京大学出版社，2003年版。

[21]华学忠、施修霖：《发展着的马克思主义——关于马克思主义理论发展中哲学思维转型的研究》，经济科学出版社，2004年版。

[22]黄楠森：《马克思主义哲学史》，高等教育出版社，1998年版。

[23]黄修荣：《苏联、共产国际与中国革命的关系新探》，中共党史出版社，1995年版。

[24]居其宏：《歌剧综合美的当代呈现》，中央音乐学院出版社，2006年版。

[25]李彬：《符号透视：传播内容的本体诠释》，复旦大学出版社，2003年版。

[26]李公昭：《20世纪英国文学导论》，西安交通大学出版社，2001年版。

[27]李应志、罗钢：《后殖民主义：人物与思想》，北京师范大学出版

社，2015年版。

[28]梁锦祥：《语言学研究的通用方法》，广东科技出版社，1995年版。

[29]廖炳惠：《后殖民研究的问题及其前景》，台北立绪文化，1997年版。

[30]刘康、金衡山：《后殖民主义读本》，辽宁教育出版社，2000年版。

[31]罗钢、刘象愚主编：《后殖民主义文化理论》，中国社会科学出版社，1999年版。

[32]任岳鹏：《西方马克思主义法学》，法律出版社，2007年版。

[33]任仲文主编：《传承·开放·超越：文化自信十八讲》，人民日报出版社，2011年版。

[34]生安锋：《霍米·巴巴的后殖民理论研究》，北京大学出版社，2011年版。

[35]司马云杰：《文化社会学》，中国社会科学出版社，2001年版。

[36]孙晶：《文化霸权理论研究》，社会科学文献出版社，2004年版。

[37]孙正聿：《崇高的位置》，吉林人民出版社，1997年版。

[38]陶德麟主编：《马克思主义哲学研究》，武汉大学出版社，2001年版。

[39]陶德麟、石云霞：《马克思主义基本原理概论》，武汉大学出版社，2013年版。

[40]陶东风：《文化研究：西方与中国》，北京师范大学出版社，2002年版。

[41]陶东风、和磊：《文化研究》，广西师范大学出版社，2006年版。

[42]陶东风、王南：《文学理论基本问题》，北京大学出版社，2004年版。

[43]陶东风、徐艳蕊：《当代中国的文化批评》，北京大学出版社，2006年版。

[44]陶广峰等：《经济全球化与中国经济法》，中国检察出版社，2006年版。

[45]汪民安：《福柯的界线》，中国社会科学出版社，2002年版。

[46]汪民安主编：《文化研究关键词》，江苏人民出版社，2007年版。

[47]汪堂家：《汪堂家讲德里达》，北京大学出版社，2008年版。

[48]王东、丰子义、聂锦芳：《马克思主义与全球化》，北京大学出版社，2003年版。

[49]汪民安主编：《文化研究关键词》，江苏人民出版社，2019年版。

[50]王宁、生安锋、赵建红：《又见东方——后殖民主义理论与思潮》，重庆大学出版社，2011年版。

[51]王宁、薛晓源：《全球化与后殖民批评》，中央编译出版社，1998年版。

[52]王宁：《后现代主义之后》，中国文学出版社，1998年版。

[53]王宁主编：《文学理论前沿（第一辑）》，北京大学出版社，2004年版。

[54]王宁主编：《文学理论前沿（第三辑）》，北京大学出版社，2006年版。

[55]王宁主编：《全球化与文化：西方与中国》，北京大学出版社，2002年版。

[56]王岳川：《后现代后殖民主义在中国》，首都师范大学出版社，2011年版。

[57]王岳川：《后殖民主义和新历史主义文论》，山东教育出版社，1999年版。

[58]西慧玲：《西方女性主义与中国女作家批评》，上海社会科学院出版社，2003年版。

[59]谢少波、王逢振：《文化研究访谈录》，中国社会科学出版社，2003年版。

[60]徐贲：《走向后现代与后殖民》，中国社会科学出版社，1996年版。

[61]杨耕：《为马克思辩护（修订本）》，北京师范大学出版社，2004年版。

[62]仰海峰：《实践哲学与霸权——当代语境中的葛兰西哲学》，北京大学出版社，2009年版。

[63]严家炎：《中国现代小说流派史》，人民出版社，1989年。

[64]衣俊卿：《文化哲学——理论理性和实践理性交汇处的文化批判》，云南人民出版社，2005年版。

[65]衣俊卿：《文化哲学十五讲（第二版）》，北京大学出版社，2015年版。

[66]衣俊卿：《现代化与文化阻滞力》，人民出版社，2005年版。

[67]于文秀：《后现代文化研究思潮》，复旦大学博士论文，2006年。

[68]俞良早：《马克思的东方学》，人民出版社，2011年版。

[69]张岱年：《文化与价值》，新华出版社，2004年版。

[70]张锦：《福柯的"异托邦"思想研究》，北京大学出版社，2016年版。

[71]张京媛主编：《当代女性主义文学批评》，北京大学出版社，1992年版。

[72]张京媛主编：《后殖民理论与文化批评》，北京大学出版社，1999年版。

[73]张立波：《后现代境遇中的马克思主义》，民族出版社，2002年版。

[74]张其学：《后殖民语境中的东方社会：兼与马克思东方社会理论的比较》，中国社会科学出版社，2008年版。

[75]张跣：《赛义德后殖民主义理论研究》，复旦大学出版社，2007年版。

[76]张义明：《中国传统文化精要》，西北大学出版社，2011年版。

[77]张有奎：《现代性的哲学批判——从马克思生存论角度的分析》，

社会科学文献出版社，2005年版。

[78]赵福生：《福柯微观政治哲学研究》，黑龙江大学出版社，中央编译出版社，2011年版。

[79]赵光武、李澄、赵家祥：《历史唯物主义原理》，北京大学出版社，1982年版。

[80]周穗明、王吉胜等著：《"新马克思主义"先驱者》，中央编译出版社，1998年版。

[81]朱立元：《当代西方文艺理论》，华东师范大学出版社，2005年版。

[82]朱立元、李均主编：《二十世纪西方文论史（下卷）》，高等教育出版社，2002年版。

[83][澳]比尔·阿什克洛夫、帕尔·阿卢瓦利亚：《导读萨义德》，王立秋译，重庆大学出版社，2020年版。

[84][澳]比尔·阿什克洛夫等：《逆写帝国：后殖民文学的理论与实践》，任一鸣译，北京大学出版社，2014年版。

[85][德]奥斯瓦尔德·斯宾格勒：《西方的没落》，张兰平译，陕西师范大学出版社，2008年版。

[86][德]狄尔泰：《历史中的意义》，艾彦等译，中国城市出版社，2002年版。

[87][德]弗里德里希·尼采：《权力意志》，孙周兴译，上海人民出版社，2018年版。

[88][德]黑格尔：《哲学史讲演录（第一卷）》，贺麟、王太庆译，商务印书馆，1981年版。

[89][德]马克斯·韦伯：《新教伦理与资本主义精神》，于晓等译，生活·新知·读书三联书店，1987年版。

[90][法]阿尔杜塞：《哲学与政治：阿尔杜塞读本》，陈越编，吉林人

民出版社，2003年版。

[91][法]弗朗兹·法农：《大地上受苦的人们》，杨碧川译，人民文学出版社，2023年版。

[92][法]弗朗兹·法农：《黑皮肤，白面具》，张香筠译，生活·读书·新知三联书店，2022年版。

[93][法]米歇尔·福柯：《福柯集》，杜小真译，上海远东出版社，2003年版。

[94][法]米歇尔·福柯：《福柯说权力与话语》，陈怡含编译，华中科技大学出版社，2017年版。

[95][法]米歇尔·福柯：《权力的眼睛——福柯访谈录》，严锋译，上海人民出版社，2021年版。

[96][法]米歇尔·福柯：《知识考古学》，谢强、马月译，生活·读书·新知三联书店，1998年版。

[97][法]米歇尔·福柯：《自我技术：福柯文选Ⅲ》，北京大学出版社，2015年版。

[98][法]皮埃尔·布迪厄：《实践感》，蒋梓骅译，译林出版社，2012年版。

[99][法]皮埃尔·布迪厄：《言语意味着什么》，褚思真、刘辉译，商务印书馆，2005年版。

[100][法]西蒙娜·德·波伏瓦：《第二性Ⅰ》，郑克鲁译，上海译文出版社，2011年版。

[101][法]雅克·德里达：《论文字学》，汪堂家译，上海译文出版社，2015年版。

[102][法]雅克·德里达：《马克思的幽灵：债务国家、哀悼活动和新国际》，何一译，中国人民大学出版社，2016年版。

[103][法]雅克·德里达：《书写与差异》，张宁译，中国人民大学出版社，2022年版。

[104][法]雅克·德里达：《人文科学语言符号中的结构、符号及游戏》，刘自强译，北京大学出版社，1999年版。

[105][法]朱莉娅·克里斯蒂娃：《主体·互文·精神分析：克里斯蒂娃复旦大学演讲稿》，祝克懿、黄蓓译，生活·读书·新知三联书店，2016年版。

[106][加纳]克瓦米·恩克鲁玛：《新殖民主义：帝国主义的最后阶段》，北京编译社译，世界知识出版社，1966年版。

[107][美]阿里夫·德里克：《后革命氛围》，王宁等译，中国社会科学出版社，1999年版。

[108][美]阿里夫·德里克：《跨国资本主义时代的后殖民批评》，王宁等译，北京大学出版社，2004版。

[109][美]阿里夫·德里克：《全球性之窗：社会科学文集》，连煦、张文博、杨德爱等译，知识产权出版社，2013年版。

[110][美]爱德华·萨义德：《东方学》，王宇根译，生活·读书·新知三联书店，2019年版。

[111][美]爱德华·萨义德：《世界·文本·批评家》，李自修译，生活·读书·新知三联书店，2009年版。

[112][美]爱德华·萨义德：《文化与帝国主义》，李琨译，生活·读书·新知三联书店，2021年版。

[113][美]爱德华·萨义德：《知识分子论》，单德兴译，生活·读书·新知三联书店，2007年版。

[114][美]爱德华·赛义德：《赛义德自选集》，谢少波、韩刚等译，中国社会科学出版社，1999年版。

[115][美]爱德华·赛义德：《格格不入》，彭淮栋译，生活·读书·新知三联书店，2004年版。

[116][美]爱德华·泰勒：《原始文化》，蔡江浓编译，浙江人民出版社，1988年版。

[117][美]弗朗西斯·福山：《历史的终结及最后的人》，黄胜强、许铭原译，中国社会科学出版社，2003年版。

[118][美]弗雷德里克·詹姆逊：《文化转向》，胡亚敏等译，中国社会科学出版社，2000年版。

[119][美]汉斯·摩根索：《国际纵横策论》，卢明华、时殷弘、林勇军译，上海译文出版社，1995年版。

[120][美]刘易斯·科塞：《理念人》，郭方等译，中央编译出版社，2004年版。

[121][美]刘易斯·科塞：《社会冲突的功能》，孙立平等译，华夏出版社，1989年版。

[122][美]迈克尔·H.亨特：《意识形态与美国外交政策》，世界知识出版社，1999年版。

[123][美]塞缪尔·亨廷顿：《文明的冲突》，周琪等译，新华出版社，2012年版。

[124][美]斯皮瓦克：《从解构到全球化批判：斯皮瓦克读本》，陈永国等主编，北京大学出版社，2007年版。

[125][美]斯皮瓦克：《后殖民理性批判：正在消失的当下的历史》，严蓓雯译，译林出版社，2015年版。

[126][美]小埃·圣胡安：《超越后殖民理论》，孙亮、洪燕妮译，中国人民大学出版社，2016年版。

[127][美]约瑟夫·S.奈：《硬权力与软权力》，门洪华译，北京大学出

版社，2005年版。

[128][美]詹姆斯·克利福德：《论东方主义》，罗钢、刘象愚主编《后殖民主义文化理论》，中国社会科学出版社，1999年版。

[129][日]北冈诚司：《巴赫金——对话与狂欢》，魏炫译，河北教育出版社，2002年版。

[130][苏]巴赫金：《巴赫金集》，张杰编选，上海远东出版社，1998年版。

[131][匈]卢卡奇：《历史与阶级意识》，杜章智、任立、燕宏远译，商务印书馆，1992年版。

[132][意]安东尼奥·葛兰西：《狱中札记》，葆煦译，人民出版社，1983年版。

[133][意]安东尼奥·葛兰西：《狱中札记》，曹雷雨译，中国社会科学出版社，2000年版。

[134][印]《摩奴法典》，迭朗善译，马香雪转译，商务印书馆，2017年版。

[135][印]塔帕尔：《印度古代文明》，林太译，浙江人民出版社，1990版。

[136][印]阿吉兹·阿罕默德：《在理论内部：阶级、民族与文学》，易晖译，北京大学出版社，2014年版。

[137][英]阿诺德·汤因比：《历史研究》，石础编，浙江人民出版社，1989年版。

[138][英]巴特·穆尔·吉尔伯特：《后殖民理论——语境 实践 政治》，陈仲丹译，南京大学出版社，2007年版。

[139][英]巴特·穆尔·吉尔伯特：《后殖民批评》，杨乃桥等译，北京大学出版社，2001年版。

[140][英]简·奥斯丁：《曼斯菲尔德庄园》，孙致礼译，译林出版

社，2004年版。

[141][英]吉卜林：《基姆》，周恒译，辽宁教育出版社，1998年版。

[142][英]伊格尔顿：《现象学，阐释学，接受理论》，王逢振译，江苏教育出版社，2006年版。

[143][英]拉曼·塞尔登等：《当代文学理论导读》，刘象愚译，北京大学出版社，2006年版。

[144][英]罗伯特·扬：《白色神话：书写历史与西方》，赵稀方译，北京大学出版社，2014年版。

[145][英]罗伯特·扬：《后殖民主义与世界格局》，容新芳译，译林出版社，2013年版。

[146][英]汤林森：《文化帝国主义》，冯建三译，上海人民出版社，1999年版。

[147][英]夏洛蒂·勃朗特：《简·爱》，宋兆霖译，商务印书馆，2017年版。

[148]昂智慧：《保尔·德曼、"耶鲁学派"与"结构主义"》，《外国文学》，2003年第6期。

[149]包文瑞：《浅析解构主义下的欧洲》，《电影评介》，2011年9月。

[150]蔡圣勤：《孤岛意识：帝国流散群知识分子的书写状况——论库切文学思想中的右翼后殖民主义》，华中师范大学博士论文，2008年。

[151]曾军：《德里达思考汉字的方法》，《东北师范大学学报》，2018年第1期。

[152]查日新：《空间转向、文化协商与身份重构——霍米·巴巴后殖民文化批评思想述评》，《国外理论动态》，2011年第3期。

[153]陈先达：《哲学社会科学的作用和学者的责任》，《中国社会科学》，2004年第4期。

[154]陈义华：《斯皮瓦克的后殖民经验与学术研究》，《理论月刊》，2011年第6期。

[155]陈忠：《全球发展公正性：伦理本质与历史建构——兼论"中国新殖民论"的实质与问题》，《中国社会科学》，2010年第5期。

[156]丛郁：《后殖民主义·东方主义·文学批评——关于若干后殖民批评语汇的思考》，《当代外国文学》，1995年第1期。

[157]崔新建：《文化认同及其根源》，《北京师范大学学报（社会科学版）》，2004年第4期。

[158]戴从容：《从〈东方主义〉到〈文化与帝国主义〉——萨伊德后殖民主义理论概述》，《国外社会科学》，1996年第6期。

[159]段吉方：《葛兰西的"文化领导权"思想及其政治阐释》，《中国文学批评》，2015年第1期。

[160]丰子义：《全球化与民族文化的发展》，《哲学研究》，2001年第3期。

[161]冯俊、洪琼：《后现代游戏说的基本特征》，《中国人民大学学报》，2009年第2期。

[162]傅春晖、彭金定：《话语权力关系的社会诠释学》，《求索》，2007年第5期。

[163]高建民：《马克思遭遇后殖民主义——一种学术史的批判性考察》，《哲学动态》，2021年第11期。

[164]何萍：《卡希尔眼中的维科、赫尔德——卡希尔文化哲学方法论研究》，《求是学刊》，2011年第2期。

[165]侯惠勤：《弱化与强化：意识形态的当代走向与马克思主义的话语权》，《毛泽东邓小平理论研究》，2004年第6期。

[166]侯惠勤：《意识形态的变革与话语权》，《马克思主义研

究》，2006年第1期。

[167]胡友珍、梅然：《后殖民主义理论的中国话语》，《中国农业大学学报（社会科学版）》，2010年第2期。

[168]黄力之：《论中国文化建设面临的主要问题》，《哲学研究》，1999年第7期。

[169]黄力之：《马克思主义作为中国国家意识形态的现实性问题》，《马克思主义研究》，2006年第5期。

[170]姜飞：《在解构中建构——后殖民文学批评理论视点研究》，四川大学博士论文，2003年。

[171]姜军：《"和而不同"在民族政治中的价值论》，《社会科学辑刊》，2005年第2期。

[172]江伟娇：《斯皮瓦克后殖民批评理论研究》，沈阳师范大学硕士论文，2013年。

[173]蒋枚君：《21世纪中国对后殖民理论的接受与阐释》，上海师范大学硕士论文，2022年。

[174]孔凡娟：《如何认定当代中国的文化身份》，《汉语言文学研究》，2015年第3期。

[175]李德顺：《全球化中的价值冲突与我们的战略》，《社会科学管理与评论》，2003年第1期。

[176]李健：《社会主义核心价值观与西方"普世"价值的四大区别》，《思想理论教育导刊》，2015年第3期。

[177]李琳、生安锋：《后殖民主义的文化身份观》，《国外理论动态》，2004年12期。

[178]李平：《策略本质主义述评——后现代女性主义的"阿里阿德涅之线"》，《中国人民大学学报》，2008年第1期。

[179]李意：《爱德华·萨义德：以人文介入政治》，《阿拉伯世界研究》，2009年第5期。

[180]李应志：《解构的文化政治——斯皮瓦克后殖民批评综述》，《国外理论动态》，2005年第11期。

[181]李应志：《世俗批评与策略性的本质主义——对赛义德后殖民主义理论局限问题的再思考》，《马克思主义与现实》，2014年第4期。

[182]李智：《从权力话语到话语权力——兼对福柯话语理论的一种哲学批判》，《新视野》，2017年第2期。

[183]李智：《再论国际话语权及其提升路径》，《北大新闻与传播评论》，2014年第1期。

[184]林滨、户晓坤：《大众传媒·意识形态·人的存在——马克思主义媒介批判理论的当代解读》，《马克思主义与现实》，2011年第2期。

[185]林甘泉：《从"欧洲中心论"到"中国中心论"——对西方学者中国经济史研究新趋向的思考》，《中国经济史研究》，2006年第2期。

[186]林济森、刘小戈：《"和而不同"与世界新秩序的构建》，《理论前沿》，2006年第24期。

[187]刘冬雪：《文化全球化与文化多样性》，《社会科学辑刊》，2003年第1期。

[188]刘芳：《对文化自觉和文化自信的战略考量》，《思想理论教育》，2012年第1期。

[189]刘海静：《后殖民文化理论的精神分析意蕴及其限度——从法农到萨义德》，《哲学动态》，2013年第7期。

[190]刘惠玲：《话语维度下的赛义德东方主义的研究》，华中师范大学博士论文，2011年。

[191]刘康、金衡山：《后殖民主义批评：从西方到中国》，《文化

评论》，1998年第1期。

[192]刘文涛：《国内外学术界关于殖民主义史的研究》，《历史教学》，2002年第12期。

[193]卢鹏：《准确理解马克思的"无产阶级概念"》，《中国社会科学报》，2016年第12期。

[194]吕宏波：《福柯的话语批判理论与知识分子职守》，《北方论丛》，2006年第5期。

[195]罗钢：《关于殖民话语和后殖民理论的若干问题》，《文艺研究》，1997年第3期。

[196]罗钢、裴亚莉：《种族、性别与文本的政治——后殖民女性主义的理论与批评实践》，《北京师范大学学报（人文社会科学版）》，2000年第1期。

[197]罗维梅、陈跃：《卢卡奇的意识形态理论》，《商》，2015年第28期。

[198]齐峰、贾中海：《文化霸权解构与多元文化建构》，《北方论丛》，2015年第2期。

[199]沙健孙：《学习马克思1853年关于印度问题的论文札记》，《思想理论教育导刊》，2010年第5期。

[200]生安锋：《后殖民性、全球化和文学的表述——霍米·巴巴访谈录》，《南方文坛》，2002年6月。

[201]生安锋：《后殖民性、全球化和文学的表述》，《南方文坛》，2002年第6期。

[202]生安锋：《后殖民主义、身份认同和少数人化——霍米·巴巴访谈录》，《外国文学》，2002年第6期。

[203]生安锋：《霍米·巴巴的"流亡诗学"》，《文艺研究》，2004年第5期。

[204]宋雪玉、孙威：《马克思关于全球化的四个主要观点》，《祖国》，2017年第7期。

[205]孙晋忠、曹永国：《全球化时代的西方文化霸权》，《光明日报》，2001年12月18日。

[206]王沪宁：《文化扩张与文化主权：对主权管理的挑战》，《复旦学报》，1994年第3期。

[207]王宁：《"全球本土化"语境下的后现代、后殖民与新儒学重建》，《南京大学学报（哲学·人文科学·社会科学版）》，2008年第1期。

[208]王宁：《爱德华·赛义德和他的后殖民批评理论》，《南方文坛》，2001年第4期。

[209]王宁：《东方主义、后殖民主义和文化霸权主义批判——爱德华·赛义德的后殖民主义理论剖析》，《北京大学学报（哲学社会科学版）》，1995年第2期。

[210]王宁：《霍米·巴巴和他的后殖民批评理论》，《南方文坛》，2002年第6期。

[211]王宁：《解构、女权主义和后殖民批评——斯皮瓦克的学术思想探幽》，《北京大学学报（哲学社会科学版）》，1998年第1期。

[212]王宁：《斯皮瓦克和她的后殖民批评理论》，《南方文坛》，2001年第6期。

[213]王宁：《后殖民主义理论批判——兼论中国文化的"非殖民化"》，《文艺研究》，1997年第3期。

[214]王小梅：《爱德华·赛义德后殖民主义文化观探析》，华中师范大学硕士论文，2014年。

[215]王晓路：《文化政治与文化批评——斯皮瓦克文学观的解读》，《外国文学》，2004年第5期。

[216]王岳川：《福科：权力话语与文化理论》，《现代传播》，1998年第6期。

[217]王岳川：《"后理论时代"的西方文论症候》，《文艺研究》，2009年第3期。

[218]王岳川：《在文化创新中建立强国文化策略》，《探索与争鸣》，2012年第6期。

[219]王维平、张起梁：《经济学—哲学批判的唯物史观底蕴——〈资本论〉及其手稿对唯物史观的深化》，《理论探讨》，2020年第2期。

[220]魏海香：《对文化全球化及其相关概念的考察及辨析》，《新视野》，2008年第5期。

[221]文熙：《殖民主义—新殖民主义—后殖民主义》，《当代思潮》，1995年第4期。

[222]夏和国：《福柯的权力思想探析》，《理论月刊》，2012年第10期。

[223]杨耕、张其学：《后殖民主义：实质、特征及其局限——从马克思的观点看》，《社会科学战线》，2005年第2期。

[224]杨政：《葛兰西的文化领导权思想及其对我国文化建设的启示》，北京交通大学硕士论文，2008年。

[225]于希勇：《马克思恩格斯伦理思想方法研究》，复旦大学博士论文，2014年。

[226]苑国华：《论布迪厄的社会语言学——"语言交换的经济"理论》，《北方论丛》，2009年第2期。

[227]袁源：《"第三空间"学术史梳理：兼论索亚、巴巴与詹明信的理论交叉》，《中南大学学报（社会科学版）》，2017年第7期。

[228]张京媛：《彼与此——评介爱德华·赛义德的〈东方主义〉》，《文

学评论》，1991年第1期。

[229]张宽：《赛义德的"东方主义"与西方的汉学研究》，《瞭望新闻周刊》，1995年第27期。

[230]张旭鹏：《"庶民研究"与后殖民史学》，《史学理论研究》，2006年第4期。

[231]张起梁：《〈资本论〉及其手稿中的唯物辩证法研究》，兰州大学博士论文，2021年。

[232]赵建红：《第五种批评形式：萨义德的"世俗批评"》，《外国文学》，2008年第2期。

[233]赵稀方：《后殖民文学》，《社会科学》，2009年第6期。

[234]赵稀方：《后殖民主义在两岸三地的理论旅行》，《江苏社会科学》，2004年第4期。

[235]翟晶：《霍米·巴巴的身份观》，《世界美术》，2010年第4期。

[236]朱锋颖、吴宪忠：《后殖民理论与多元文化》，《北方论丛》，2009年第4期。

[237]朱伟钰：《"资本"的一种非经济学解读——布迪厄"文化资本"概念》，《社会科学》，2005年第6期。

[238]朱振明：《福柯的"话语与权力"及其传播学意义》，《现代传播》，2018年第9期。

[239][法]阿芒·马特拉：《传播全球化思想的由来》，《国际新闻界》，2000年第4期。

[240][美]阿里夫·德里克、王瑾：《后现代主义、后殖民主义和全球化：当代马克思主义所面临的挑战》，《当代世界与社会主义》，2007年第2期。

[241][美]肯·莫里森：《马克思的辩证历史观》，《马克思恩格斯列宁

斯大林研究》，2001年第1期。

[242][美]詹姆逊：《论现实存在的马克思主义》，《马克思主义与现实》，1997年第1期。

[243][美]詹姆逊：《晚期资本主义的文化逻辑》，张旭东编，《文艺研究》，1997年第3期。

[244][印]霍米·巴巴：《后殖民主义、身份认同和少数人化——霍米·巴巴访谈录》，《外国文学》，2002年第6期。

外文文献：

[1]Abrams M.H.A Glossary of Literary Terms,Seventh Edition.New Delhi:Thomson Heinle,1999.

[2]Ahmad A.In Theory:Classes,Nations,Literatures,London and New York:Verso,1992.

[3]Aijaz Ahmad.Between Orientalism and Historieism:Anthropological Knowledge of India,London:SAGE Publications,1991.

[4]Aijaz Ahmad.In Theory:Class,Nations,Literatures,London and New York:Verso,1992.

[5]Al-Ghamdi.The Rhetoric of Cultural Encounter in Arab American Autobiography, University of Wisconsin-Madison,2004.

[6]Arifn Dirlik.The Postcolonial Aura:Third World Criticism in the Age of Global Capitalism,Critical Inquiry,1994.

[7]Bill Ashcroft,Pal Ahluwalia.Edward Said:The Paradox of Identity,London and New York:Rouledge,1999.

[8]Bill Ashcroft.Key Concept in Post-Colonial Studies,London and New York: Rouledge,1999.

[9]Bill Ashcroft.The Empire Writes Back:Theory and Practice in Post-Colonial Literature.London and New York:Routledge,1989.

[10]Bill Ashcroft.The Post-Colonial Studies Reader,London and New York: Rouledge,1995.

[11]Chatterjee,Partha.Their own Words An Essay for Edward Said,Cambridge: Blackwell,1992.

[12]Daniel Barenboim.Edward Said,Music at the Limits,New York: Columbia University Press,2008.

[13]Daniel Barenboim.Edward W.Said,Ara Guzelimian,Parallels and Paradoxes: Explorations in Music and Society,London:Bloomsbury Publishing Pic,2002.

[14]Edward W.Said.The Question of Palestine,Routledge & Kegan Paul PLC,1980.

[15]Edward W.Said.Culture and Imperialism,London and New York:Rouledge, 1994.

[16]Edward W.Said.The Pen and the Sword:Conversations with David Barsamian, Monroe:Common Courage Press,1994.

[17]Emily Bauman.Re-Dreaming Colonial Discourse:Postcolonial Theory and the Humanist Project,Critical Quarterly,1998.

[18]Erich Auerbach.Philology and Weltliterature,translated by Maire Said and Edward Said,The Centennial Review,1969.

[19]Ethan Bronner.Voice in the wilderness,New York:Times Book Review,2000.

[20]Forsdick,Charles.Traveling Concepts:Postcolonial Approaches to Exoticismf, Paragraph:A Journal of Modern Critical Theory,2001.

[21]Frantz Fanon.The Wretched of the Earth,New York:Grover Press,2004.

[22]Gare,Arran E.Understanding Oriental Cultures,Philosophy East and West:A Quarterly of Comparative Philosophy,1995.

[23]Guha,Ranajit.Subaltern Studies I:Writings on South Asian History and Society,Delhi:Oxford University Press,1982.

[24]Hans Ulrich Gumbrecht.The Powers of Philology:Dymaic of Textual Scholarship,Champaign,2003.

[25]Harpham Geoffiy.Roots,Races and the Return to Philology,Representations,2009.

[26]Homi K.Bhabha.Nation and Narration,London and New York:Rouledge,1990.

[27]Homi K.Bhabha.Challenge identity,London and New York:Routledge,1994.

[28]Homi K.Bhabha.In The Location of Culture,London and New York:Routledge,1994.

[29]Homi K.Bhabha.Life at the border:Hybrid identities of the present,New Perspective Quarterly,1997.

[30]Isaiah Berlin.Henry Hardy and Aileen Kelly,New York:Press,1978.

[31]James Clifford.The Predicament of Culture,Cambridge:Harvard University Press,1988.

[32]Joshua Paul Dale.The Complicity of a Lateral Gaze:From Fantasies of the Orient to an Ethics of Alterity in Cross–Cultural Encounters，Buffalo：State University of New York,2002.

[33]Leonard J.Edward Said's Battle for Humanism,The Minnesota Review,2007.

[34]Lewis R.Gendering Orientalism:Race,Femininity and Representation,London and New York:Rouledge,1995.

[35]Matt Carhart.Chomsky Criticizes Iraqi War,Praise Said,Columbia Spectator,Columbia University,2003.

[36]Michel Foucault.Discipline and punish:The Birth of the Prison,London and New York:Vintage,1995.

[37]Moustafa Bayoumi,Andrew Rubin.The Edward Said Reader,London and New York:Vintage,2000.

[38]Ned Curthoys,Debjani Ganguly.Edward Said The Legacy of a PublicIntellectu al,Australia:Melbourne University Press,2007.

[39]Pal Ahluwalia.Edward Said:The Burdens of the Public Intellectual,New Literatures Review,1996.

[40]Richard King.Orientalism and Region,London and New York:Routledge,1999.

[41]Robert Young.Postcolonialism:A Historical Introduction,Blackwell Publishers,2001.

[42]Rutherford J.The Third Space:Interview with Homi Bhabha,London:Lawrence and Wishart,1990.

[43]S.R Fullinwider.Patterns in Twentieth Century European hought,New York:Peter Lang,2004.

[44]Stephen Slemon.Post−colonial critical theories,Postcolonial discourses:an anthology,2001.

[45]Stuart Hall.Critical Dialogues in Cultural,London and New York:Rouledge,1996.

[46]Spivak.The Post−Colonial Critic:Interviews,Strategies,Dialogues,New York and London:Routledge,1990.

[47]Terry Eagleton.Edward Said,cultural politics,and critical theory(an interview), Journal of Comparative Poetics,2005.

[48]Warwick Anderson.Postcolonial Techniscience,Social Studies of Science,2002.

[49]Young R.White Mythologies.Writing History and the West,London and New York:Rouledge,1990.